BEI GRIN MACHT SICH IHR WISSEN BEZAHLT

- Wir veröffentlichen Ihre Hausarbeit,
  Bachelor- und Masterarbeit

- Ihr eigenes eBook und Buch -
  weltweit in allen wichtigen Shops

- Verdienen Sie an jedem Verkauf

Jetzt bei www.GRIN.com hochladen und kostenlos publizieren

GRIN

Johann Engert

Natur bei Nietzsche und in der deutschen Romantik

GRIN Verlag

Bibliografische Information der Deutschen Nationalbibliothek:

Die Deutsche Bibliothek verzeichnet diese Publikation in der Deutschen National-
bibliografie; detaillierte bibliografische Daten sind im Internet über http://dnb.d-
nb.de/ abrufbar.

Impressum:

Copyright © 2012 GRIN Verlag GmbH
Druck und Bindung: Books on Demand GmbH, Norderstedt Germany
ISBN: 978-3-656-38118-1

Dieses Buch bei GRIN:

http://www.grin.com/de/e-book/209928/natur-bei-nietzsche-und-in-der-deutschen-
romantik

GRIN - Your knowledge has value

Der GRIN Verlag publiziert seit 1998 wissenschaftliche Arbeiten von Studenten, Hochschullehrern und anderen Akademikern als eBook und gedrucktes Buch. Die Verlagswebsite www.grin.com ist die ideale Plattform zur Veröffentlichung von Hausarbeiten, Abschlussarbeiten, wissenschaftlichen Aufsätzen, Dissertationen und Fachbüchern.

Besuchen Sie uns im Internet:

http://www.grin.com/

http://www.facebook.com/grincom

http://www.twitter.com/grin_com

Modulabschlussarbeit Theoretische Philosophie

Thema: „Philosophische Konstanten hinter den Naturkonzeptionen Nietzsches und der deutschen Romantik"

Johann Engert
Abgabedatum: 14.10.2012

Inhaltsverzeichnis

Einleitung

In der nachfolgenden Arbeit wird es mein Vorhaben sein, einen Vergleich zu ziehen zwischen Nietzsche und der deutschen Romantik, und zwar in einer besonderen, für beide zentralen Hinsicht – der Natur. Unter „Natur" kann man freilich vieles verstehen, sei es die Welt, das Universum, die Gesamtheit der Dinge, die Wirklichkeit überhaupt, oder aber nur das Lebendige, vielleicht auch nur die „Natürlichkeit" als das eigentliche, ursprüngliche Wesen der Dinge. Im Folgenden soll ein umfassender Begriff der „Natur" verwendet werden, der einzig dem riesigen Bedeutungsfeld gerecht werden kann, auf das man immer stößt, wenn man sich ebenso bei Nietzsche wie bei den Romantikern damit befassen will. Es wird sich dabei eine Viererbeziehung herausstellen, die in beide Denksysteme einbegriffen ist, nämlich die Beziehung Mensch-Leben-Natur-Geschichte. Ich werde argumentieren, dass die wesentlichen Bezugspunkte zwischen diesen vier Elementen und vor allem die Rolle, die sie in der gesamten jeweiligen Naturkonzeption innehaben, in beiden Fällen eine erstaunlich Ähnliche ist. Ich werde argumentieren, dass in beiden Fällen Natur als Geschichte begriffen wird, als lebendige, nicht festgelegte, ewig umstürzende und neuschöpfende Dynamik; dass in beiden Fällen das menschliche Leben Ausdruck dieses Lebendig-Dynamischen ist und Teilhabe daran; dass in beiden Fällen der Mensch, isoliert, außerhalb von Natur und Leben stehend, weder mit spekulativer Vernunft, noch mit empirischer Wissenschaft dieses Verhältnis durchschauen kann, dass er in ewigen Irrtümern herumtappt und gerade in seinen Irrtümern der Lebensprozess geheim seine Zwecke durchsetzt; dass in beiden Fällen im Anschluss daran das Bild eines *Erkennenden* auftaucht, welcher all dies einsieht, aber nicht daran verzweifelt, sondern bewusst das Leben, mitsamt seiner Täuschungen und Irrtümer fortsetzt; dass in beiden Fällen schließlich dieser ganze Vorgang als ästhetisch lustvolles Spiel begriffen wird und die Forderung an den Menschen aufkommt, sein Leben mit diesem Spiel zu durchdringen.

Nun stellt sich bei allen behandelten Denkern aber die Frage nach ihrer philosophischen Interpretation: sie stellt sich bei meiner Untersuchung der Romantik, weil ich (was ich zu ihrem Verständnis für wesentlich halte) eben auch Auszüge nicht ihrer Theorie, sondern ihrer Kunst, vor allem Gedichte heranziehen werde. Ich werde dabei nicht nach der jeweiligen Aussage der einzelnen Gedichte suchen, was tatsächlich jedes Mal eine zusätzliche Interpretation nötig machte, ich werde nach Motiven und Figuren suchen, die wiederkehren und deshalb als repräsentativ angesehen werden können. Die Frage stellt sich nun aber auch bei jeder Behandlung Nietzsches, wie auch Volker Gerhardt betont: „Deshalb ist es jeder Leser selbst, der bei und mit Nietzsche etwas erkennen will; also muss und will ihn schließlich jeder auslegen, so gut er es eben versteht" (Gerhardt, S.64). Nietzsches aphoristischer Stil, der ständig in alle Richtung geht, auch immer wieder kleine Selbstwidersprüchlichkeiten aufweist,[1] welche aber wohl teilweise auch Ausdrücke der zahlreichen Wandlungen seines Denkens sind, schafft diese Offenheit. Trotz allem plädiert Gerhardt für eine „systematische Interpretation" (S.65), welche seine wichtigsten und klarsten Aussagen in einem System ordnen würde, aus dem nur das teilweise „Artistische und Vagabundierende seines Denkens" (ebd.) als unbrauchbar herausfiele. Ich aber halte es für zu schwierig, Nietzsche in ein System zu ordnen und werde dies gerade in einer Hausarbeit auch nicht wagen. Für mich werden Aussagen eine Rolle spielen, die wiederkehren, hinter denen sich

---

[1] Die Aphorismen 50 und 543 aus der *Morgenröte* etwa scheinen mit seinem sonstigen Denken in einem starken Kontrast zu stehen

Denkmotive zeigen, deren Entwicklung über die Werke hinweg sich grob nachverfolgen und die sich grob schematisch erfassen lassen. Für den Aphorismus wird also dasselbe gelten wie für das Gedicht. Gerade um die Wandlung in Nietzsches Denken zu berücksichtigen, habe ich drei Werke ausgewählt, die für die jeweilige Phase sehr anschaulich sind: die *Geburt der Tragödie*, die *Morgenröte* und die *Fröhliche Wissenschaft*. Für die Romantik ziehe ich Safranskis *Romantik-Eine deutsche Affäre* als Sekundärwerk und einige ausgewählte Primärtexte heran.

I Erster Teil: die Naturkonzeptionen der Romantik

In diesem ersten Teil wird es mir darum gehen, auf Grundlage von Safranski, aber auch auf Grundlage einiger ausgewählter Primärtexte, einen Überblick über die leitenden Gedanken der Romantik in Bezug auf die Natur und das menschliche Verhältnis zu ihr zu verschaffen. Ich werde mich aber auch wirklich auf leitende Gedanken beschränken müssen, eine umfassende literaturhistorische Darstellung würde hier natürlich den Rahmen sprengen – und wäre darüber hinaus den Thesen dieser Arbeit sogar auch wenig dienlich. Gemeint sind deshalb nicht isolierte Aussagen gewisser Dichter und Denker dieser Epoche, sondern wiederkehrende *Motive*, die ich auf Grundlage der Texte versuchen werde, herauszuarbeiten, gerade weil sie, wie zu sehen sein wird, den Kern romantischen Denkens bilden. Man wird sich also frei nach Safranskis Aussage im Vorwort seines Buches richten, die lautet: „Die Romantik ist eine Epoche. Das Romantische ist eine Geisteshaltung, die nicht auf eine Epoche beschränkt ist." (Safranski, S.12)

1. Überblick über die Naturkonzeptionen der Romantik

Rüdiger Safranski setzt an den Anfang der romantischen Bewegung die Französische Revolution, welche zunächst einmal dem deutschen Idealismus befeuert[2], als Erkenntnis nämlich, die Welt, die man über lange Zeiten als gottgegeben ansah, könne allein mit der Kraft des Geistes als Akt seiner Freiheit, umgestaltet werden. Hier haben wir schon einige wichtige Einsichten, die auch für die Romantik eine große Rolle spielen werden, nämlich erstens die einer schöpferischen Kraft des Geistes, die nichts aufhalten kann, zweitens die der Nicht-Festgelegtheit der Geschichte, drittens die, dass statische, absolute Ausdeutungen von Weltverhältnissen, wie etwa die, dass die politischen ebenso wie die natürlichen Verhältnisse der Welt von Gott vorgegeben seien, wie sie sind, und ewig so sein werden und sollen, scheitern. Gerade diese Einsichten markieren auch die Wende von der idealistischen zur romantischen Rezeption der Revolution in Deutschland. Als nämlich deren hoffnungsvolle Phasen zu Ende sind und die Terrorherrschaft der Jakobiner beginnt – und sich plötzlich zeigt, wie grausam und unterdrückerisch etwas werden kann, dass man (idealistisch) als Sieg der Vernunft bezeichnet hatte, wird klar, dass man sich die Welt wieder illegitim ausgedeutet hatte, nicht mehr religiös, sondern eben aufklärerisch positivistisch, im Sinne eines progressiven Sieges der Vernunft und Freiheit über die Unvernunft und Unfreiheit. Nach Safranski nahm man gerade die „tumultuarischen und terroristischen Folgen [...] als Zeichen [...], dass die Geschichte der planenden Vernunft aus dem Ruder läuft und eher unsere dunkle Natur als unseren hellen Verstand zum Zuge kommen lässt. Das alles erschüttert das Vertrauen in ein aufgeklärtes Denken, das [...] unfähig ist, die Tiefe des Lebens uns seine Nachtseiten zu erfassen" (Safranski S.53). An diesem Punkt, also an der Gegenüberstellung einer vernünftigen Einsehbarkeit und Planbarkeit von Welt, Geschichte Leben mit dunklen, chaotischen, dynamischen, nicht einsehbaren, Prinzipien, die ihnen in Wirklichkeit innwohnen, setzt nun das ganze romantische Denken an.

---

[2]Vgl. Safranski, S.32ff

Die Frühromantik ist geprägt von Denkern wie Friedrich Schlegel, Ludwig Tieck und Novalis und zeigt bereits die unterschiedlichsten Motive. Getragen von einem Siegeszug der Erzählliteratur um die Jahrhundertwende und einer neuen, umfassenden Lust am Romanhaften und Geheimnisvollen erfindet man dort einige der zentralen Begriffe der ganzen Romantik, nämlich das „Romantisieren", die „progressive Universalpoesie" und die „romantische Ironie". Was sich dahinter verbirgt, am Anfang wohl kaum mehr als ein kindliches Gefallen am „Geheimnisvollen und Wunderbaren" oder die staunende Faszination vor der „Wundermacht des Schicksals" (S.54), entwickelt ziemlich schnell weitreichende philosophische Implikationen. Die Lust am Geheimnis ist gleichzeitig die am nicht vernünftig Erklärbaren, die am Schicksalhaften gleichzeitig die am nicht Vorhersehbaren. Man entwickelt die Idee einer dunklen, chaotischen, dynamischen Natur, deren ebenso dunkle Prozesse und Äußerungen die Vernunft nicht erkennen kann, die Idee von Schicksalsmächten, deren ewiges Spiel das Einzelne Dasein nur ist, die Einzelnes aufsteigen und wieder abstürzen lassen, wie sie wollen, vor denen jeder scheinbar absolute Wert relativ wird, der heute zwar gilt, morgen aber wieder umgestürzt werden kann. Die Natur, die Welt, das Leben, alles ist bloß ein Spiel unbekannter Spieler mit unbekanntem Ziel.[3] Die Idee des *Romantisierens* knüpft direkt hieran an: man kann die Dinge mit poetischer Bedeutsamkeit aufladen, indem man sich genau dies bewusst macht. Alle Lebensprozesse und Tätigkeiten, so banal sie im Alltag erscheinen, sind bedeutsam, wenn sie als Teil eben dieses *Weltspiels* begriffen werden. Alle unbewussten, automatisierten, gefühllosen, offenbar auf Nutzen ausgerichteten Geschäfte der arbeitsteiligen Welt (welche die ganze Existenz des Menschen bestimmen) müssen mit Poesie durchdrungen werden, denn wenn man die Geheimnisse, die höheren Bedeutsamkeiten in ihnen sucht und findet, kann man sie damit entautomatisieren, man erlangt ein tieferes Gefühl seines Daseins, der bloße Nutzen verschwindet. Denn wenn man auch die Urheber und den Zweck des Spiels nicht kennt, es hat zumindest ästhetische Bedeutsamkeiten: es ist ein *sich selbst bildendes Kunstwerk* und reicht sich als solches völlig aus.[4] Wichtig ist aber auch, das Romantisieren und die Universalpoesie nicht bloß als Suche nach Geheimnissen, nach versteckten Bedeutungen zu sehen, sondern als aktiven, schöpferischen Prozess – eben, wie ich ausführte, noch gefärbt durch den idealistischen Zeitgeist –, mit dem man sich als Genie selbst zum Akteur des Spiels machen kann[4]. Die Schöpfungen der poetischen Phantasie führen quasi die Schöpfungen der Naturkräfte fort und beides wird als „schönes Chaos" (Schlegel bei Safranski, S. 61) empfunden. Gründe und Zwecke muss es nicht geben. Die *romantische Ironie* entstammt schließlich ähnlichen Denkmotiven. Gemeint ist eine Ironie, die nicht bloß das Gegenteile des Ausgesagten meint, sondern eine, die eine festgelegte Aussage überhaupt unmöglich macht, jede Äußerung im Schweben hält vor einem Meer möglicher Äußerungen – und die somit der einzige adäquate Umgang ist mit einer, wie ausgeführt, nicht Festgelegten, dynamischen Naturwirklichkeit, denn, wie auch Safranski den Gedanken darstellt: „Jede bestimmte Aussage bedeutet angesichts des Überkomplexen der Welt eine Komplexitätsreduzierung" (S.63). Treffend ist auch das Schlegel-Zitat, das er anfügt: „Ironie ist klares Bewusstsein der ewigen Agilität, des unendlich vollen Chaos" (Schlegel bei S., S.63).

Neben diesen betont spielerischen, chaotischen, phantastischen tauchen aber auch weitaus ernstere, auch religiösere Motive in der Frühromantik auf, die vor allem Denkern wie Novalis und Schleiermacher zuzuordnen sind. Ersterer macht zum Beispiel aus der Natur eine Geliebte, zu der der Mensch ursprünglich in einem innigen Verhältnis steht. Keine „herzlose Analytik" würde die Wirklichkeit deshalb zu fassen bekommen, nur eine „Erotik des Naturumgangs" (S.116), kein Blick auf äußere, vom Erkennenden abgetrennte Verhältnisse, sondern einen Blick nach

---

[3]S.a. ebd. S.57
[4]Vgl. ebd. S.61

innen, auf das Universum in ihm selbst, mit dem er verbunden ist, das er selbst ist[5]. Die „dunklen, zugleich triebhaften und schöpferischen" Kräfte (S.117), die er dort findet, sind gleichzeitig die Prinzipien der Natur wie des menschlichen Daseins. Auch von großer Wichtigkeit ist das Motiv der Mütterlichkeit, was Naturbetrachtung betrifft: Novalis interessiert sich für die unterirdische Welt jenseits des Tageslichts, die Tiefe der Erde, die die Tiefe der Seele versinnbildlicht. Dort findet der Mensch sich im Schoß der Welt, spürt seinen Ursprung[6]. Auch die Nacht hat eine solche Funktion: sie bietet sinnliche Ruhe vom Tag – metaphorisch vor dem hellen, nüchternen Leben in der Vorstellung – und lockt mit Wiedervereinigung, Ewigkeit, Selbstgefühl.[6] „Die Nacht wäre dann das, worin wir zurückkehren, eine Wiedergeburt, aber auch eine Zurück-Geburt. Das Entsprungene kehrt in seinen Ursprung zurück. Deshalb die wollüstigen Bilder des Eingehens in die Geliebte, die zugleich die Mutter ist" (S.122). Diese Nachtmystik ist allerdings nicht unbedingt bloßer Lebensunwille und Todessehnsucht: die Sinnlichkeit der Nacht wird als Rausch empfunden und damit wäre die Nacht nicht das Ende des Lebens, sondern vielleicht gerade gesteigertes Leben.[7] Schon bei Novalis bekommt diese Naturbetrachtung auch religiöse Konnotationen: das Christentum wird als Ausdruck ebendieser Nacht- und Todesmystik empfunden, da es die Angst vor dem Tod nimmt, den Tod sogar zelebriert; ebenso der antike Polytheismus, wie auch die „Gespenster" (Novalis bei S., S.127) der modernen Ideologien seien ein krampfhaftes Klammern an den *Tag*, weil sie den Gedanken der *Nacht* nicht ertragen können.[8] Auch die Wissenschaft wäre dann nur eine *Ersatzreligion*, die in ihrem hohlen Streben danach, die Natur als einen Mechanismus progressiv zu erklären, in Wirklichkeit den „heiligen Sinn" zerstört, den einzigen Zugang zu ihr.[9] Schleiermacher führt nun die romantische Religion fort und knüpft dabei teilweise an die Gedanken Novalis' an. Er seinerseits geht von einer religiösen Anlage im Menschen aus, die nichts anderes ist, als der „Sinn und Geschmack fürs Unendliche" (Schleiermacher bei S., S.141); religiöse Erfahrung ist dann die Erfahrung der Unendlichkeit des Universums. Wie Novalis geht es auch Schleiermacher betont um Vereinigung, um „Aufhebung der Subjekt-Objekt-Beziehung" (S.142): „Das Gefühl entdeckt in der Natur Subjektqualitäten und verschmilzt mit ihr". Diese Subjektverschmelzung mit der Natur, dieses Aufgehen und Verschwinden in ihrer Unermesslichkeit bietet dem Menschen nicht weniger als die „Teilhabe am Göttlichen" (S.143). Da dieses Göttliche aber nichts anderes ist als das ewige Leben „hier und jetzt" (ebd.), und dieses wiederum nichts anderes als das Universum, die Natur, sind wir also im Kern des *romantischen Pantheismus* angelangt: woran wir teilhaben können und sollen, ist das Leben, nicht als individuelles Leben, sondern als das ewige Lebensprinzip des Universums.[10] Dass Schleiermacher diesen ganzen Vorgang als passiv darstellt, als Selbstaufgabe an die Natur, und dass er unsere Abhängigkeit vom Universum betont, darf deshalb nicht falsch verstanden werden, etwa als blinder Determinismus: die Natur ist (wie schon Schlegels Weltspiel) ein freies, dynamisches, schöpferisches Prinzip; damit ist auch die Subjektverschmelzung mit der Natur als „Teilhabe am Göttlichen" nichts anderes als Ausdruck und Fortführung der Freiheit des Naturprozesses und damit die höchstmögliche menschliche Freiheit überhaupt.[11]

Was nun Hölderlin, dessen literaturhistorische Zugehörigkeit umstritten ist – der aber bei Safranski eine wichtige Rolle für die Romantik spielt und der nun einmal, wie ich auch noch teilweise zeigen werde, Motive verwendet, die wesentlich romantisch sind – zu der Entwicklung dieser Gedankenwelt beiträgt, sind vor allem mythologische und geschichtliche Momente. Ihm ist es

---

[5]Vgl. ebd. S.116f
[6]Vgl. ebd. S.120ff
[7]Vgl. ebd. S.121 u., S.122
[8]Vgl. ebd. S. 123 o., S.127f
[9]Vgl. ebd. S.128f
[10]Vgl. ebd. S.142 u., S.143
[11]Vgl. ebd. S.147f

etwa mit der antiken Götterwelt weitaus ernster als noch Schlegel, dem sie nur Sinnbild des ursprünglichen schöpferischen Chaos der menschlichen Natur war – für ihn gibt es wirklich einen Götterhimmel in der Natur, oder eher eine Geisterwelt: eine verborgene Welt aus Geistern der Natur, der Situationen, auch der zwischenmenschlichen Konstellationen, deren der antike Polytheismus der erste Ausdruck war, die schwächer geworden ist und die es wiederzufinden gilt.[12]

Das alles ist, wie Safranski begründet, wesentlich durch einen Zeitgeist geprägt, der neues Interesse an vergangenen Mythologien findet, als an frühen Erfahrungen der Menschheit mit dem Überweltlichen, Unendlichen, oder eben wie bei Hölderlin, mit der Geisterwelt in der Natur.[13]

Der neue Wert, der solchen Mythologien als Zeugnissen aus diversen Epochen – und aus christlicher Sicht sowieso überkommenen heidnischen Verblendungen – dadurch zukommt, erzeugt notwendig ein neues Geschichtsbewusstsein: es gilt jetzt, sich nicht mehr allzu behaglich in der Gegenwart, in deren Wertewelt und Weltdeutung einzurichten, denn man hat das Gefühl, „in einem ungeheuren Zeitstrom zu treiben, der von weither kommt und ins Unbestimmte hinausführt. Die Dinge schwanken, es lässt sich kein ruhiger Beobachtungspunkt im Außerhalb finden, man ist Geschichte und wird von ihr mitbewegt" (S.158). Hier ist man Schlegel sehr nahe, der ebenfalls in der Tiefe und Wandelbarkeit der Geschichte einen Ausdruck des offenen, chaotischen, schönen Weltspiels sah, nur dass es einem, wie gesagt ernster ist. So empfindet Hölderlin die Mächte der Natur und Geschichte „tatsächlich als göttlich und numinos" (S.164). Es wird sich noch als sehr wichtig erweisen, die große Bedeutung klar herauszustellen, die gerade die Verbindung von Natur und Geschichte für das romantische Denken hat.

Die Naturkonzeptionen der späteren Romantik eines Eichendorff, Hoffmann und auch Heine dürfen nicht isoliert vom bereits Genannten betrachtet werden. Inwiefern sie durch die Fortführung und Pointierung *sämtlicher* Motive der älteren Romantik vielleicht sogar als „Resümee-Romantiker" bezeichnet werden können, werde ich noch versuchen, anhand einer kleinen Untersuchung der Eichendorffschen und Heineschen Lyrik zu verdeutlichen. Doch zuerst wieder zu ihren Naturkonzeptionen nach Safranski. Erst einmal ist herauszustellen, wie viel mehr diese spätere Romantik an der Aufklärung und deren Folgen leidet als die Frühere. Man hat den Eindruck, in einer Zeit zu sein, wo alles gleichgemacht wird, in der Politik und Gesellschaft wie auch in der Ästhetik und Formsprache der Dinge, wie sich zum Beispiel im Städtebau geometrische Prinzipien durchsetzen, weite Räume geschaffen werden, die gleichzeitig eng erscheinen, weil sie leer sind.[14] Daraus entwickelt sich ein tief sitzendes Motiv der Angst vor der Leere, welche gleichzeitig leerer Raum, Sinnleere, Bedeutungsleere, das Nichts ist, der man gerade durch die Öffnung der Formen, die Gleichmachung und Geometrie, implizit auch Vernunft, Wissenschaft, Entwirrung, Entzauberung, Ausleuchtung der Welt zusteuert und der man Vorstellungen von ursprünglicher, schöner, gehaltvoller Verworrenheit, Dunkelheit und Schiefheit entgegensetzt.[14] Analog zur Angst vor der Leere ist die Angst vor der Langeweile, so wie analog die Langweiligkeit der Existenz als die Leere der Existenz empfunden wird. Hier gilt es wieder, zum Schaffenden zu werden, die sich entleerende Wirklichkeit zu romantisieren, ihre Bedeutsamkeiten mit Phantasie wiederherzustellen, was wiederum das Vorhaben der Frühromantik aufgreift und sogar weiterführt. Romantisieren heißt nicht mehr nur, die Dinge vor den Hintergrund eines Spiels von Geschick und Geschichte zu setzten und sie im Rahmen des Spiels bedeutsam zu machen – denn man fürchtet ja bereits, dass durch die Entzauberung von Natur und Geschichte auch diese Bedeutsamkeit im Verschwinden ist, oder zumindest kaum mehr sichtbar ist – es geht nun auch darum, sich des Irrealis zu bedienen, des fantastischen „Als ob", nicht um sich tatsächlich

---

[12]Vgl. ebd. S.166f
[13]Vgl. ebd. S.156ff
[14]Vgl. ebd. S.202f

eine andere Wirklichkeit vorzugaukeln, sondern just um Möglichkeiten zu evozieren, um die weltanschaulich zunehmend festgelegte und gedeutete Wirklichkeit damit zu relativieren und neue Bedeutsamkeiten zu schaffen.[15] Sieht man dies in Verbindung zur Frühromantik, hat es faszinierende Implikationen: die ewig schöpferische, nicht festgelegte Natur würde zahllose Möglichkeiten hervorbringen, die man mit Phantasie erdenken kann – und da die Wirklichkeit im Hier und Jetzt nur eine davon ist, kann man gerade durch die fiktive Nennung anderer Möglichkeiten die Tiefe und Dynamik von Natur und Geschichte vollendet zum Ausdruck bringen.

2. Leitende Motive der romantischen Naturbetrachtung

Aus allen genannten Denkfiguren ergeben sich für mich fünf hauptsächliche Motive des romantischen Naturumgangs: das Romantisieren, die Ironie, die Naturverbundenheit, der Irrealis, der Mythos. Diese werde ich im Folgenden noch kurz darstellen, auch indem ich, wie gesagt, einige Beispiele aus der gelebten, gereimten, vertonten Romantik vorführe. Was aber vorab noch zu erwähnen Not tut, ist, dass diese Überbegriffe, die ich hier anbiete, nicht unbedingt wissenschaftlichen Begriffe sind, sondern vielmehr grobe Einteilungen, nach denen die Verhältnisse, zumindest so, wie sie in dieser Arbeit behandelt werden, anschaulich gemacht werden sollen.

1) Das Romantisieren: Romantisieren ist jeder Vorgang, welcher aktiv einen Gegenstand, ein Verhältnis, einen Prozess seiner gewöhnlichen (pragmatischen, alltäglichen, materiellen) Bedeutung enthebt und ihn mit tieferer Bedeutung, mit tieferem Sinn auflädt. Dieser tiefere Sinn ist ästhetischer, sinnlicher Natur und zieht seine Wirkung daraus, dass die Dinge in einen größeren, ästhetisch wirksameren Zusammenhang gerückt werden, welcher zum Beispiel, wie bei Schlegel, die Geschichte als ästhetisches Spiel ist. Auch wenn der tiefere Sinn ein metaphysischer Gehalt ist, ist diese Vergrößerung des Zusammenhangs nötig, denn ein Gegenstand kann eine metaphysische Bedeutsamkeit haben und trotzdem etwas Alltägliches, Pragmatisches sein, wie etwa der Besuch einer Kirche. Romantisiert hätte man in dem Fall erst, wenn man etwa ein Verhältnis in den Zusammenhang einer ästhetisch wirksamen Heraufbeschwörung der Bibelmythologie oder des Lebens nach dem Tod rückte. Aber ein metaphysischer Gehalt ist nicht notwendig, wie Schlegel zeigt. Die eindrücklichste Aufforderung zum Romantisieren als dazu, die Dinge „singen" zu lassen (Metapher: Stummheit – Bedeutungslosigkeit) ist wohl Eichendorffs „Wünschelrute": „Schläft ein Lied in allen Dingen / Die da träumen fort und fort / Und die Welt hebt an zu singen / triffst du nur das Zauberwort" (Eichendorff, S.328)

2) Ironie: die „romantische Ironie" ist ein Gedanke der Frühromantik, welcher, wenn er auch auf diese fast beschränkt bleibt, höchste Bedeutsamkeit für das Ganze hat. Etwas mit romantischer Ironie zu sagen, bedeutet, die Bedeutung des Gesagten in der Schwebe zu halten, nicht auf einen Sinn festzulegen, womit man der Unendlichkeit und Unerschöpflichkeit der Welt gerecht werden will. Etwas ernst zu meinen heißt dagegen, die Wirklichkeit zu reduzieren, wodurch man alles ernst Gemeinte durch ironischen Umgang damit kritisieren und relativieren kann, nämlich als Endliches vor einer unendlichen Wirklichkeit.

3) Naturverbundenheit: die romantische Naturverbundenheit ist überall dort im Spiel, wo ein persönliches Verständnis zwischen Mensch und Natur auftritt, wo beide kommunizieren wie Verwandte, Geliebte oder zumindest eng Vertraute. Hierbei kommen Anthropomorphismen zum Einsatz, welche der Natur menschliche Gefühle und Handlungsweisen attribuieren: „Und wüssten's die Blumen die kleinen / wie tief verwundet mein Herz / sie würden mit mir weinen / zu heilen meinen Schmerz (Heine, S.145)[16]; als Universalsprache der Verständigung wird oft die

---

[15]Vgl. ebd. S.208f
[16]Andere gute Beispiele: Eichendorff, S.28u.,37,43o.,54u.,61,63u.,64,71,94u.,102u.,219,310o.; Heine, S.20,52,54,79,128,129u.,132u.,160u.,165o.

Sprache der Liebe angeboten, welche Natur und Mensch gleichermaßen verstehen.[17] Verwandt ist der Gedanke des Verständnisses der Natur durch Verständnis der eigenen Brust.[18]

4) Der *Irrealis* ist das romantische „Als Ob". Hierbei handelt es sich um die Beschwörung einer anderen Wirklichkeit, die mit der eigentlichen Wirklichkeit in klarem Kontrast steht: „Als müsste in dem Garten / Voll Rosen bleich und rot / Meine Liebste auf mich warten / und ist doch lange tot" (Eichendorff, S.174)[19]; Anschaulich hierfür ist auch das ständige Motiv des Traums.[20]

5) Mythos: Überall, wo demgegenüber die eigentliche Wirklichkeit gemeint ist, aber so dargestellt ist, wie sie nicht wirklich ist, sind *mythische* Elemente im Spiel. Gemeint sind vor allem märchenhafte Elemente wie etwa singende Baumwipfel, tanzende Blumen, flüsternde Winde, magische Zeichen und Offenbarungen.[21] Durch Anthropomorphismus und Synästhesie wird quasi der Bereich des Wirklichen erweitert, mit dem Ziel, wirkliche Verhältnisse ästhetisch eindrücklicher vorzuführen. Am wirksamsten ist es natürlich, aus diesen Elementen ganze Geschichten und Erzählungen zu stricken, wie man an sämtlicher Mythologie sieht.

II Die Naturkonzeptionen Friedrich Nietzsches

In diesem zweiten Teil soll es nun erst einmal um die Ideen Nietzsches zum menschlichen Umgang mit der Naturwahrheit gehen, für sich betrachtet, noch ohne einen Vergleich zu ziehen, was im dritten Teil erfolgen wird.

1. *Die Geburt der Tragödie* als Systemversuch über Mensch, Kunst und Naturwahrheit

Die *Geburt der Tragödie* ist ein Versuch über den Charakter und den Ursprung der altgriechischen Kunst, der von der Annahme ausgeht, dort zeigten sich ewige Verhältnisse im menschlichen Umgang mit der Naturwahrheit und in der menschlichen Kunstschöpfung, deren Spuren sich bis in die Gegenwart verfolgen lassen, Verhältnisse, die schematisch dargestellt werden als die *apollinische* und die *dionysische* Tendenz der Kunst und des Lebens. Man kann diese Dualität so zusammenfassen: das Apollinische ist der Wille zum Traum und seiner ästhetischen und ethischen Vollendung, also zur vollendet schönen und sittlichen Illusion; das Dionysische ist der Moment des Erwachens, der unverschleierte, schaurige wie lustvolle Blick in die Naturwirklichkeit und die dunklen, unmoralischen Prinzipien des Lebens. So ist uns der apollinische Traum von der Natur vorgegeben, als eine „Illusion, wie sie dir Natur, zur Erreichung ihrer Absichten, so häufig verwendet" (GT, S.37), dafür geeignet, uns die Wahrheit hinter Lebensprozessen und Naturprozessen zu verschleiern, damit wir den Willen dazu nicht verlieren, wir träumen, „um leben zu können" (S.36), aber auch als Vorbereitung auf das Leben.[22] Der apollinische Traum äußert sich zuallererst in der Kunst, exemplarisch in der antiken Epik. Die idealisierende Schilderung von Heldentaten in geschliffenen Hexametern durch Homer etwa sei eine apollinische Vollendung der schönen Form, damit eine Abweichung von der chaotischen, triebhaften, Wahrheit des Lebens.[23] Aber der apollinische Traum schafft auch erst Form überhaupt, als Individuation, erst in der apollinischen Welt kommt es zum „epochalen Auftritt des Individuums" (Gerhardt, S.79), dass sich als solches erkennt und damit seine Grenzen, das Maß, dass es zu halten gibt: „Apollo, als ethische Gottheit, fordert von den seinigen das Maß und, um es einhal-

---

[17]Vgl. etwa *Herbstzyklus II.* Heine, S.135f.
[18]Vgl. etwa *Sehnsucht.* Eichendorff, S.13f.; *Ohne Titel.* Eichendorff, S.94u.; *Erwartung.* Eichendorff, S.118f
[19]Andere herausstechende Beispiele: *Schöne Fremde.* Eichendorff, S.309f.; *Mondnacht.* Eichendorff, S.322f.
[20]Etwa bei Heine: S.21u.,49u.,51,110,111,118u.,141,159u.,163
[21]Beispiele: Eichendorff, S.19,23u.,37,54u.,63u.,64,69o.,71o.,146,175,225,280,309u.; Heine, S.54,79,84o.,86o.94,115ff,118,131,132o.135,150u.
[22]Vgl. Geburt der Tragödie, S.27ff
[23]Homer als „naiver Künstler"; S. ebd. S.37, Z.22ff

9

ten zu können, Selbsterkenntnis" (GT, S.40). Der Moment des Erwachens aus diesem ästhetisch wie ethisch formeinhaltenden und formgebietenden Traum ist nun der Auftritt Dionysos'; das Dionysische ist ein Erlebnis, das alle Individuation durchbricht, bei dem sich „Jeder mit seinem nächsten nicht nur vereinigt, verschmolzen, sondern eins" fühlt (S.29) und sich die Natur als ungeteiltes „Ur-Eines" (S.30) offenbart. Der von allen Individuationen und Illusionen befreite Blick auf die Naturwahrheit ist aber ein folgenschwerer, denn jetzt ekelt man sich vor seiner Illusion, vor dem gewöhnlichen Leben und was man im Traum davon gehalten hat: „In der Bewusstheit der einmal geschauten Wahrheit sieht jetzt der Mensch überall nur das Entsetzliche oder Absurde des Seins" (S.57). Aber was genau ist diese Naturwahrheit? Offenbar ein unendliches, schöpferisches Chaos – die apollinische Illusion dagegen ein vollendbarer, endlicher, bleibender Zustand; In der Naturwahrheit gibt es keine Individualität, keine Form, kein Maß, keine ethischen Normen, denn dies alles ist Schöpfung der apollinischen Illusion, es gibt dort nur den ewigen Lebensprozess, ewig schaffend, ewig zerstörend, der offenbar, um das gleich zu betonen, eins mit dem Naturprozess ist,[24] welcher sich wie gesagt die schönen Traumbilder nur zurecht macht, um seine Zweck, die Selbsterhaltung, durchzusetzen. Aber das Apollinische und Dionysische bestehen ewig nebeneinander, ergänzen sich zu einem ewigen Wechselprozess.[25] Den Trost für den Ekel vor dem einen, der tragischen Einsicht des anderen liefert die Kunst, in dem sie beides zu etwas Schönem und mit Lust Erlebbarem macht. Der Künstler „teilt mit der apollinischen Kunstsphäre die volle Lust am Schein [...] und zugleich verneint er diese Lust und hat eine noch höhere Befriedigung an der Vernichtung der sichtbaren Scheinwelt" (S.151). Die Kunst wird zu einem Metaphysikum („metaphysisches Supplement der Naturwahrheit", S.151), da es ihr gelingt, das Hässliche, Sinnlose, Absurde ästhetisch reizvoll zu machen und somit in ästhetischer Hinsicht das Dasein rechtfertigt, das sonst keine Rechtfertigung hat.[26] Auch die Wissenschaft, die sich von der Kunst lossagt, indem sie den apollinischen Traum nicht träumt, aber die Wahrheit nicht dionysisch, sondern wieder träumend, optimistisch, positivistisch erlebt, erlangt irgendwann tragische Einsichten auf das „Unaufhellbare" (S.101) des Daseins und wird wieder kunstbedürftig.[27]

2. *Morgenröte* als zelebrierte Systemlosigkeit, Ironie, Radikal-Aufklärung

Nachdem Nietzsche sein in der *Geburt der Tragödie* erstmals aufgespanntes System durch den Versuch einer Selbstkritik bereits relativiert hat, folgt eine Phase der System-Ungebundenheit, die ihren Ausdruck unter anderem in der *Morgenröte* gefunden hat. Hier entwickelt sich Nietzsche zum absolut freien Denker, dem es darum geht, mit skeptischen, historisierenden, psychologischen Argumenten alle Irrtümer von Philosophie, Religion und Wissenschaft zu entlarven,[28] wobei sein hauptsächliches Augenmerk einerseits auf der Moral, andererseits auf dem menschlichen Naturumgang liegt. Zu letzterem entwickelt er die Konzeption einer in sich absurden, zweck-, vernunft-, gottlosen Natur, die der Mensch fortwährend im Rahmen von Sittlichkeit, Religion, Vernunft, Optimismus oder ästhetischem Empfinden umdeutet. So stellt er heraus, dass alle Dinge „allmählich so mit Vernunft durchtränkt [werden], dass ihre Abkunft aus der Unvernunft dadurch unwahrscheinlich wird" (M, 1,19), oder dass der Mensch „der Welt eine ethische Bedeutung über die Schulter gehängt" habe (3,20), die wertlos ist; treffend heißt es auch im 33.Aphorismus: „So verachtet der Mensch im Banne der Sittlichkeit der Sitte erstens die Ursachen, zweitens die Folgen, drittens die Wirklichkeit, und spinnt all seine höheren Empfindungen

[24]Vgl. Geburt der Tragödie, S.108 u., S.109
[25]Vgl. ebd., S.70f. S.a. Volker Gerhardt, S. 79f
[26]Vgl. ebd., S.152
[27]Vgl. ebd., S. 101; s.a. das Sinnbild des „Musik treibenden Sokrates": ebd., S.111
[28]Vgl. Volker Gerhardt, S.45f

[…] an eine eingebildete Welt an" (33,42). Mit diesen Worten richtet er sich gegen jede mythologische Aufladung der Naturwirklichkeit; im ständigen Wandel der Sitten und Bräuche änderten
sich auch die Ausdeutungen, und erst die Geschichte der ständigen Sittenwandel und damit
Weltanschauungswandel zeigt auf, wie wertlos diese seien.[29] Er richtet sich auch gegen die ganze Philosophie, die fortwährend die an sich hässliche Wissenschaft „verschönern" will (427,263)
und dabei den Wahrheitssinn trübt. Aber auch die Wissenschaft hat ihren Teil daran, in dem sie
ihre Erkenntnisse als Grund für falschen Optimismus nimmt[30]. Der Mensch ist letztlich immer
im engen Kreis seiner Wahrnehmungskraft gefangen, sollte nicht zu viel auf seine Welterkennt-
nis halten, die nur eine mehr oder weniger zufällige Deutungsweise der Dinge ist.[31] Die Naturwirklichkeit ist am Ende immer dynamischer, chaotischer, oft auch einfach dümmer, d.h. zweck-
und vernunftloser.[32] Wichtig ist Nietzsche damit auch, Natur als Geschichte zu begreifen, die
den einzelnen, gegenwärtigen Wert sowieso verneint: „widerspricht der gute Historiker […]
nicht fortwährend?" (1,19) Ein anderes wichtiges Anliegen der *Morgenröte* knüpft nun direkt
daran an: sowie Deutungen des Naturprozesses zu entlarven sind, sind es auch die des Lebensprozesses – so richtet sich Nietzsche gegen alle christlichen Bestimmungen des Bösen, welche
Dinge treffen, die nur Spektren des Lebens sind, etwa gegen die ewige Verteufelung des Eros.[33]
Der Lebensprozess, in Analogie zum Naturprozess steht über Moralbestimmungen, welche sich
sogar erst aus erstem entwickelt haben. Aber Nietzsche beschränkt sich nicht auf eine moralische
Neubestimmung, er findet vor allem auch großes ästhetisches Interesse an den „böse" geheißenen Seiten des Lebens[34]: „ist es denn verboten, den bösen Menschen als eine wilde Landschaft
zu genießen […]?" (468,280). Ein anderer interessanter Aspekt seiner Lebenskonzeption ist der
des leidenden, kranken Menschen, der aufgrund seiner Schmerzen eine höhere Erkenntnis hat
vom Schrecken und Ekel der Dinge hinter der Illusionen der Gesunden, der gleichzeitig seine
wahren Lebenskräfte erst erkennt und zu schätzen lernt – und als Kranker allein das Gesunde
begreift.[35] Hier sind wir nah an der Konzeption des dionysischen Rausches aus der *Geburt der
Tragödie*, der von Gesunden (Träumenden) ebenfalls als krank empfunden wird.[36] Natur, Leben
und das Dionysische bleiben also in enger Verbindung.

3. Die Fröhliche Wissenschaft als zentrales Werk

Die *Fröhliche Wissenschaft* weitet hauptsächlich Thesen aus, die schon in der *Morgenröte* oder
auch der *Geburt der Tragödie* aufgestellt worden oder zumindest angeklungen sind, entwickelt
dabei aber auch einige neue Konzepte. Auffallend ist in erster Linie eine noch radikalere Wahr-
heits- und Erkenntniskritik, die alles, was Wahrheit und Erkenntnis heißt, als Abkömmling sowie
Diener von Lebens- und Machtprozessen darstellt. So heißt es gleich in der Vorrede: „bei allem
Philosophieren handelte es sich bisher gar nicht um ‚Wahrheit', sondern um etwas Anderes, sagen wie Gesundheit, Zukunft, Wachstum, Macht, Leben" (FW, Vorrede, 3,349). Radikaler als
noch in der *Morgenröte*, wo Weltanschauung und Weltdeutung als einfach wertlos und willkürlich dahingestellt werden, wird hier davon ausgegangen, dass sie etwas noch Dunkleres seien,
nämlich Machtinstrumente, dass „Einzelne, Mächtige […] das Urteil ihres Geschmacks und

---

[29]Vgl. M, 33,42. S.a. Aph.83,86,93,98,100,102,450
[30]Vgl. ebd. 49,53f
[31]Vgl. ebd. 117,110f
[32]Vgl. ebd. 130,120f, s.a. Aph.122
[33]Vgl. ebd. 76,73f
[34]Ästhetik des Bösen bei Nietzsche: s. ebd. Aph. 190,216,239,468
[35]Vgl. ebd. 114,104ff
[36]Vgl. GT, S.29. Die Verbindung wird noch bestärkt durch die gemeinsame Betonung von Musik und Tragik: „in diesem Zustand kann man nicht
Musik hören, ohne zu weinen (M, 114,107), sowie den Aspekt des Erkenntnisgewinns durch das Leiden

Ekels, aussprechen und tyrannisch durchsetzen" (39,406f). Das alles erfolgt wie gesagt im Rahmen der Prozesse von Natur und Leben und dem darin liegenden Machtkampf: ständig erzeuge unser Intellekt Irrtümer, die sich dem Leben als nützlich erweisen, alle Kategorien, Kausalitäten, sogar auch logischen Strukturen, in denen wir denken und alle Werturteile, die wir fällen, gehören dazu[37]; der Drang nach Wahrheit selbst aber ist die schwächste, lebensuntüchtigste, ungesündeste, „unkräftigste Form der Erkenntnis" (110,469). „Fröhliche Wissenschaft" heißt nun, diesem ganzen historischen Wechselspiel der stärkeren und schwächeren Irrtümer mit aufklärerischer Ironie zu begegnen – und so über alle angemaßten Erkenntnisse und Weltanschauungen zu „lachen, wie man lachen müsste, um aus der ganzen Wahrheit heraus zu lachen" (1,370) – Vorsätze, denen er selbst durchaus nachkommt.[38] Es kommt aber hierbei nicht darauf an, sich als Erkennenden vom Lebensprozess abzugrenzen[39], vielmehr darauf, gerade aus dem Lebensprozess und seiner Nicht-Festgelegtheit heraus weltanschauliche Festlegungen anzugreifen („Wir verneinen und müssen verneinen, weil etwas in uns leben und sich bejahen will" 307,545). Nietzsche geht nämlich einen Schritt weiter als noch in der *Geburt der Tragödie*: nicht nur die Illusion, auch die Erkenntnis geschieht im Dienste des Traumes und damit des Lebens, könne überhaupt nur auf sein Weiterträumen oder Weiterleben ausgerichtet sein.[40] Der Unterschied zum ersten Gedanken ist, dass es nun kein „metaphysisches Supplement" mehr gibt, der Erkennende sich also mit der Erkenntnis des Lebens und der Pflicht seiner Fortführung begnügen muss. Er bringt sogar die These ins Spiel, der Erkennende müsse selbst zum „Schaffenden" werden – Entlarvung reiche ihm nicht, um die ihm lästige Wirklichkeit zu verneinen, er müsse umwerten, durch Neuschöpfung Altes vernichten: „Nur als Schaffende können wir vernichten!" (58,422); Es reicht nicht, etwa die „Vermenschlichung" der Natur (109,468) hinter aller Metaphysik und allem Mythos zu entlarven, es muss eine *Vernatürlichung* des Mensch folgen. Es reicht ebenso wenig, Gott „getötet" (125,480ff), d.h. sich von der Gottesvorstellung befreit zu haben, der Mensch muss sich als zweites selbst vergöttlichen. Es ist vom Erkennenden also vor Allem Aktivität gefordert, Neuschöpfung, Umwertung, ohne allerdings, wie ausgeführt, den Boden des Lebensprozesses und damit des Irrtums und Scheins zu verlassen. Erstaunlich sind die vielen Hinweise, dass die Normativität hinter dieser Schein- und Irrtumspolitik ästhetischer Natur zu sein scheint. Einmal sein Begriff „Amor Fati", hinter dem sich die Forderung verbirgt, das „Notwendige" der Naturprozesse „als das Schöne" zu sehen (276,521); dann seine Forderung, „gar nicht oder interessant" zu leben (232,512)[41], oder gar „Dichter unseres Lebens [zu] sein, und im Kleinsten und Alltäglichsten zuerst" (299,538); vor allem aber sein Konzept der Kunst als „guten Willen zum Scheine" (107,464), welcher hilft, den Ekel des Erkennenden vor der Lüge zu überwinden, indem das Gelogene zum ästhetischen Phänomen gemacht und damit erträglich wird.[42] In der *Geburt der Tragödie* war das Leben als ästhetisches Phänomen noch metaphysisch gerechtfertigt, jetzt fällt das Metaphysikum fort, übrig bleibt die Vorstellung eines Lebens, dass als schönes, künstlerisches Leben schlicht lebenswert ist.[43] Es dürfte aus dem bereits Erarbeiteten deutlich geworden sein, dass das *Leben* also auch alles ist, was man wirklich zur *Naturkonzeption* Nietzsches herausstellen kann – Leben ist das Spannungsfeld zwischen Mensch und Natur, und so führt alles in dieser Thematik darauf zurück. Darauf werde ich aber noch zurückkommen.

---

[37]Vgl. ebd. 110,469ff; Herkunft der Logik aus der Unlogik: s. ebd. 111,471f
[38]Ironie und fröhliche Wissenschaft: s.a. Aph.107,327,333; generelle Ignoranz- und Irrtumskritik: s.a. Aph.44,53,126,151,196,296,374
[39]So wird die Wissenschaft als unbedingter Wille zur Wahrheit als gefährliches lebensverneinendes Prinzip betrachtet (S. ebd. 344,574ff)
[40]Vgl. FW, 54,416f
[41]Das Motiv des interessanten, gefährlichen Lebens findet sich auch an anderer Stelle: s. ebd. 240, 324)
[42]Vgl. ebd. 107,464
[43]S.a. ebd. Aph.277,289,294,324

III Vergleich

1. Offene Widersprüche, explizite Polemik

Auch wenn in vielem des bisher Gesagten schon Verbindungspunkte Nietzsches zum romantischen Denken angeklungen sein werden, es gibt eben auch zahlreiche Stellen, die mit aller Deutlichkeit nahelegen, dass Nietzsche selbst diese Verbindung nicht unbedingt gesehen hat. Sowohl im *Versuch einer Selbstkritik*, wie auch in der *Morgenröte* und der *Fröhlichen Wissenschaft* entwickelt er eine deutliche Kritik gegen *Schwärmer* und nicht selten auch explizit die Romantiker. Man kann diese Kritik in zwei hauptsächliche Bereiche trennen, nämlich einmal die Kritik an Wahrheitsverleugnung und einmal die Kritik an Vergangenheitsaffinität, wobei sich im ersteren Bereich die deutlich schärfere Polemik entlädt: so richtet er sich in der *Morgenröte* an die „Schwärmer" mit den Worten: „Bis zum Hass gegen die Kritik, die Wissenschaft, die Vernunft treibt ihr es! Ihr müsst die Geschichte fälschen, damit sie für euch zeuge, ihr müsst Tugenden leugnen, damit sie die eurer Abgötter und Ideale nicht in den Schatten stellen!" (M, 543,313); ebenso wird die Fähigkeit der Vision als „geistige Störung" herausgestellt (66,64) die einem im Umgang mit *Genies* Vorsicht, aber nicht Gläubigkeit gebiete; auch der *Glaube an den Rausch* habe eine gefährliche Saat in die Welt getragen, mitunter die der Unzufriedenheit am Wirklichen.[44] Diese Unzufriedenheit am Wirklichen endet in der Metaphysik, der Suche nach einer „anderen (hinteren, unteren, oberen) Welt" (FW, 151,494) und damit in der Religion: Romantiker, aufgrund ihres Bedürfnisses nach metaphysischen Trost vor der Wirklichkeit, enden zwangsläufig als Christen: „Aber es ist sehr wahrscheinlich, […] dass ihr so endet, nämlich […] metaphysisch getröstet, kurz, wie Romantiker enden, christlich …" (GT, Versuch einer Selbstkritik, S.22). Der zweite Bereich der Romantikkritik Nietzsches zielt nun betont auf die romantische Suche nach Stille, Verewigung und Vergangenheit ab. In der *Morgenröte* bezeichnet er Romantiker als „Totenerwecker" (M, 159,145) die ihre Kraft damit verschwenden, Vergangenes zu evozieren, ohne Achtung dessen, was ist und wird. Die Romantik-Kritik aus der „Fröhlichen Wissenschaft" geht in eine ähnliche Richtung: Romantik suche Stille, Immobilität, letztendlich Erlösung vom Leben, hätte am liebsten, würden die Geschichte, das Leben stehen bleiben[45], was natürlich wieder auf metaphysische Bedürftigkeit hinausläuft.

2. Entkräftungsversuch und Möglichkeit einer nicht-metaphysischen Lesart der Romantik

Wenn ich meine Darstellung der romantischen Naturkonzeption gleich an den Anfang dieser Arbeit gesetzt habe, so geschah dies, um die Anknüpfungspunkte zu Nietzsche gleich deutlich zu machen. Allerdings reicht es für sich noch nicht, um die eben aufgeführte Kritik von vornherein auszuräumen, weshalb ich mich gezwungen sehe, im Dienste der Kohärenz meines ganzen Argumentationsgangs, dieses Kapitel noch anzuhängen, welches seinerseits versuchen wird, mit den Vorwürfen umzugehen.

Es ist, um Nietzsches ersten Gedanken aufzugreifen, erst einmal natürlich kaum zu bestreiten, dass Romantik oft in einem sehr engen Verhältnis zur Religiosität und damit Metaphysik zu stehen scheint, bedenkt man, dass die maßgeblichen Denker dieser Bewegung selbst nicht nur samt und sonders religiös waren oder es im Laufe ihres Lebens wurden, sondern auch nicht selten, wie Novalis und Schleiermacher, ihre Religiosität in ihre Kunst und Theoriebildung trugen (s.o.). Allerdings kann *Religion* Überbegriff für so vieles grundsätzlich Verschiedenes sein (an Geistes-

---

[44]Vgl. Morgenröte, 50,54f
[45]S. Fröhliche Wissenschaft, 370,619ff

haltungen, Einstellungen, Theorien), dass allein der Fakt des religiösen Bekenntnisses gerade in der Romantik nicht wirklich viel sagen muss. Die Frühromantiker, vor allem Novalis, hegten etwa Privatmythen, die sich christlich gaben, aber schon von ihnen selbst mit aller Deutlichkeit von den offiziellen Glaubensversionen der Kirche abgegrenzt wurden.[46] Wie es Safranski herausstellt: wenn es Schlegel und Novalis um Religion ging, war es doch „nicht eigentlich die christliche. Es war eine Phantasie-Religion oder die Religion der Phantasie. Eine Religion der Offenbarung eignet sich nicht dazu, dass man das Spiel der Einbildungskraft an ihr auslässt" (Safranski, S.134). Es ist also von einer Religiosität die Rede, die alleinig vom Menschen und der schöpferischen Kraft seiner Phantasie ausgeht. „Wahre Religion ist nicht Heteronomie, ist nicht eine uns von außen, von einem überweltlichen Gott zukommende Offenbarung, sondern ist die Entfaltung schöpferischer Freiheit im Menschen bis zur Selbstvergöttlichung" (S.135). Was sich hinter dieser „Religion" verbirgt, hat nicht mehr viel mit Gott und dem Überweltlichen zu tun: es scheint ein Gewirr aus ästhetischen, künstlerischen Elementen, Gefühlen, Natur, Enthusiasmus, Liebe, also reiner Weltlichkeit zu sein.[47] Vor allem aber ist es nicht die von Nietzsche angeprangerte metaphysische Bedürftigkeit – denn der Mensch hängt von einem Gott nicht ab, den er selbst geschaffen hat. Religion wird unterschiedslos in das allein ästhetisch bedeutsame Spiel der Natur, des Lebens, der Phantasie eingereiht – was also zu Nietzsches „Willen zum Schein" und seiner Konzeption der Schöpfung von Mythen in ästhetischer Absicht sogar in Analogie stünde. Was Schleiermacher betrifft, habe ich im ersten Kapitel in Berufung auf Safranski herausgearbeitet, dass es sich bei seiner Religiosität um puren Pantheismus handelte und bei seiner Idee des passiven Umgangs mit dem Überweltlichen nicht um Abhängigkeit von Gott und Suche nach Erlösung, sondern um die Selbstaufgabe an die schöpferische Freiheit des Naturprozesses und damit noch größere Freiheit (s.o.).

Was die jüngere Romantik anbelangt, muss, was Religion und Erlösung angeht, noch ein wichtiger Gedanke angefügt werden: der des absolut fehlenden Optimismus in all ihrer Kunst, welcher aber für eine Religion der Offenbarung und Erlösung notwendig wäre. Vergebens sucht man religiösen Erlösungs-Optimismus ebenso bei Hölderlin, der mit den Schlussversen von „Hyperions Schicksalslied": „es schwinden, es fallen / die leidenden Menschen / … Jahr lang ins Ungewisse hinab" (Hölderlin, S.158) auf nichts als die endgültige Vergänglichkeit hinweist, wie auch in der so oft von unabwendbarer Tragik durchzogenen Lyrik Eichendorffs: „Da lauschen alle Herzen / und alles ist erfreut / doch keiner fühlt die Schmerzen / im Lied das tiefe Leid" (Eichendorff, S.123) oder bei Heine in seiner ständigen Dualität von Glück und Trauer: „doch wenn du sprichst: ich liebe dich / so muss ich weinen bitterlich" (Heine, S.142)[48]. Statt naiver Suche nach Erlösung und Offenbarung findet man also hier überall nur das Bewusstsein der Tragik von Leben, Geschichte und Natur. Was nun neben spezifisch der Religion die allgemeine Verachtung der Wahrheit durch die Romantiker nach Nietzsche angeht, lässt sich sagen, dass es sich hierbei meistens um eine Fehlinterpretation handelt. Es ist an keiner Stelle wirklich einsichtig, dass es das „Wirkliche" sei, was die Romantiker ablehnen, in dem sie Mythen schaffen und die Natur romantisieren. Safranski bezeichnet es treffender mit dem „Unbehagen an der Normalität, am gewöhnlichen Leben" (Safranski, S.193); es ist das Normale, Konventionelle am Leben und seiner Wahrheit, welches abgelehnt wird, weil es die Welt entzaubert im Sinne einer philisterhaften oder aufgeklärten Nüchternheit.[49] Und paradoxerweise ist es der Kritiker Nietzsche selbst, der hierfür die philosophische Rechtfertigung liefert: nämlich in dem er argumentiert, die konventio-

---

[46]S. Safranski, S.134f
[47]S. ebd., S.135ff
[48]Andere Beispiele: Heine, S.131,140,145f,157; Eichendorff, S.75ff, 125f,145f,173f
[49]Vgl. Safranski, S.193ff

nellen Ansichten auf die *Wahrheit* beruhten selbst auf Irrtümern, Vermenschlichungen, Mythen und unter der Bezeichnung *guter Wille zum Schein* von der Kunst selbst fordert, diese durch die eigene Schöpfung von Mythen in ästhetischem Sinne umzugestalten (s.Kap.6), womit er seine Kritik selbst teilweise aushebeln würde.

Schwerer als dieser genannte erste Bereich der Romantikkritik, die Nietzsche übt, wiegt allerdings der zweite. Wie gesagt wirft Nietzsche dort der Romantik fehlenden Sinn für das Leben und die Gegenwart vor, dagegen Totenkult, Vergangenheitssehnsucht, Suche nach Verewigung. Dies ist freilich ein Vorwurf, der nur einen Teil der Romantik zu treffen scheint, denn der Frühromantik Schlegels mit ihrer Idee des *Weltspiels*, zu dessen Akteur der Mensch sich machen müsse, der schöpferischen Phantasie und der *progressiven Universalpoesie* wird man kaum nachsagen können, auf Stille und Verewigung abzuzielen. Aber das Interessante ist, dass das Gegenwarts- und Zukunftsbewusstsein, welches in diesem Konzept liegt, eben gerade eng mit einem Vergangenheitsbewusstsein verknüpft ist, nämlich dem Bewusstsein, dass sich gerade in der Geschichte, ihren ständigen Umstürzen und Wandlungen, das ewige schöpferische Chaos der Natur zeige und man so aus ihr die Festlegungen der Gegenwart relativieren und vernichten könne (s.o.). Aber eben dieses Vergangenheitsbewusstsein als Gegenwarts- und Zukunftsbewusstsein wird in der Romantik immer präsent bleiben. Nicht von ungefähr trifft Safranski über die Romantik die bereits zitierte allgemeine Aussage: „Wie einst Herder überkommt die Romantiker das Gefühl, in einem ungeheuren Zeitstrom zu treiben, der von weither kommt und ins Unbestimmte hinausführt" (Safranski, S.158). Es ist auch wieder in Eichendorffs Lyrik präsent, wenn es heißt: „Es rauschen die Wipfel und schauern / Als machten zu dieser Stund' / Um die halbversunkenen Mauern / die alten Götter die Rund", und dann: „Es redet trunken die Ferne / Wie von künftigem großen Glück!" (Eichendorff, S.309f).[50] Denn immer führt ja alles auf das gegenwärtige und zukünftige Leben zurück, welches aber seinerseits die Evokation der Vergangenheit benötigt. Denn der alleinige Blick auf die Gegenwart suggeriert immer Stabilität des Zustandes, Möglichkeit statischer Weltsichten. Nietzsche schreibt ja selbst, dass gerade das Bewusstsein des Ursprungs Mittel der Aufklärung im Hier und Jetzt geworden sei.[51] Es gilt für die Romantik also ebenso wie für Nietzsche: Leben ist Natur und Natur ist Geschichte. Womit das Vergangenheitsbewusstsein der Romantiker durchaus kein lebensunwilliger Totenkult ist. Und wenn Romantiker tatsächlich nach Stille und Verewigung suchen, dann bleibt dies hiermit immer eng verknüpft. Die Verewigung bei Eichendorff etwa soll gerade aus dem Lebensprozess heraus geschehen: „Und mitten in dem Leben / Wird deines Ernsts Gewalt / Mich Einsamen erheben / So wird mein Herz nicht alt" (Eichendorff, S.121), eben weil „des Lebens Schauspiel" (ebd., voriger Vers) selbst nicht alt wird; auch Schleiermachers *Ewigkeit im Augenblick* ist, wie ausgeführt, nichts anderes als das Aufgehen in der Unendlichkeit des Naturprozesses (s.Kap.2). Auch Novalis' Nachtmystik als Todessehnsucht ist, wie dargestellt, nicht der Wille nach dem schlichten Aufhören des Lebens, sondern gerade die Suche nach intensiverem Leben (s. ebd.)

Ich werde jetzt versuchen, von den herausgestellten Motiven ausgehend zu argumentieren, dass Romantik zwar mit Metaphysik verknüpfbar ist, ihrer aber nicht zwingend bedarf, eine Lesart, welche entgegen seiner Kritik sogar sehr im Sinne Nietzsches sein könnte. Anfangen will ich wieder mit dem *Romantisieren*. Romantisieren hieß für die Romantik, alltägliche, banale, nur aus alltäglicher Nützlichkeit heraus gesehene Dinge mit höherer Bedeutsamkeit aufzuladen. Hierfür ist allerdings überhaupt nicht nötig, eine metaphysische Ebene zu setzen, auf der sie bedeutsam

---

[50]Weitere Beispiele für die Evokation der Vergangenheit als Aussage und Wirkung über Gegenwart und Zukunft finden sich z.B. „im Sonett II", wo ein altes Bild zum Leben erwacht und im lyrischen Ich neue Liebe weckt (S.138f) oder in „Auf einer Burg", wo die Präsenz eines alten, zu Stein gewordenen Ritters, das Bild einer gegenwärtigen Hochzeit (als Leben und Anfang), unerwartet mit tiefer Tragik füllt, nämlich der Tragik der Geschichte, der Vergangenheit, des ewig neuen Werdens und ewigen Vergehens (S.141f), ein anderes Beispiel ist „Zeichen" (S.175)
[51]Vgl. Morgenröte, 197,171f

sind, man kann sie durchaus als das sehen, was sie sind. Es reicht nämlich, sie schlicht in einem *größeren Wirklichkeitszusammenhang* zu betrachten, welcher in unserem Fall in der Geschichte zu finden ist: man begreift die Dinge als nicht auf den schmalen gegenwärtigen Pragmatismus beschränkt, sondern als Bestandteil eines unüberschaubar riesigen Geschichtsprozesses. Dieser Geschichtsprozess muss auch seinerseits nicht metaphysisch aufgeladen werden, etwa mit einem mythischen, religiösen Sinn oder Ziel, man kann ihn durchaus zwecklos, ziellos, willkürlich sehen. Denn seine Bedeutsamkeit ist ästhetischer Natur. Er ist wie ein Spiel ohne Regel und Ausgang, an dem man ästhetisches Gefallen findet, vor welchem Gefallen die Dinge bereits bedeutsam sind. Man entzieht die Dinge also nicht der Wirklichkeit und lädt sie mit Unwirklichkeit auf, man lädt sie mit *Poesie* auf, was einfach heißt: mit (historischer) Wirklichkeitstiefe, mit Gefühlstiefe, mit Schönheit. Als zweites nun zur *Naturverbundenheit.* Dieses Motiv fasst alles zusammen, was eine irgendwie tiefere Verbundenheit oder sogar Identität von Natur und Mensch suggeriert, also etwa Darstellungen einer Natur, die mit dem Menschen kommunizieren oder des Menschen, der die Natur durch den Blick ins eigene Innere verstehen kann. Auch dieses Motiv kann auf metaphysischen Gehalt verzichten, wenn man es in ästhetische Hinsicht sieht. Die Idee einer sprechenden Natur ist nicht die ernst gemeinte Annahme einer der menschlichen Kommunikation fähigen Natur. Es wird überhaupt nicht unbedingt eine Aussage über die Natur gemacht, es geht immer eher um den Menschen selbst. Er versucht künstlerisch sein eigenes Denken und Fühlen zu greifen zu bekommen, indem er es in die Natur spiegelt. Die Natur ist sein ewiger ästhetischer Maßstab, denn alles ästhetische Empfinden ist im Eindruck der Natur entstanden. Dadurch empfindet der Mensch die Natur auch als eine Zeichenwelt. Wenn sie also zu ihm redet, dann, weil gewisse Zeichen durch genannte Projektion Bedeutungen erhalten haben – womit das, was zum Ausdruck kommt, also keine Naturwahrheit und kein metaphysisches Naturwesen wäre, sondern nur das ästhetische Empfinden des betreffenden Menschen selbst und die Konstellation seiner Gefühle und Gedanken. Die Naturverbundenheit kann also auch schlicht eine *ästhetische Verbundenheit* sein. Nun weiter zum *Irrealis.* Wie gesagt muss auch hierzu nicht ernsthaft eine andere Wirklichkeit angenommen werden, denn es handelt sich um keine Aussage, sondern eine Fiktion, welche zwei Funktionen hat: erstens wieder die des ästhetischen Gefallens, des gleichen Gefallens, wie das an einer fiktiven Erzählung; zweitens, wie bereits teilweise gesagt, die des Evozierens von vergangenen, zukünftigen Möglichkeiten zum Relativieren der gegenwärtigen Wirklichkeit, was in Analogie zum Romantisieren begriffen werden kann, als Verleihung einer größeren Wirklichkeitstiefe an Verhältnisse (s.o.); zuletzt zum *Mythos,* für den dasselbe gilt wie für die Naturverbundenheit und das Romantisieren: er kann als anderer, ästhetisch wirksamerer und tiefer greifender Weg zu Wahrheit gesehen werden.

Romantik kommt ohne Metaphysik aus. Nur wenn ihre Gedanken zu ernst und zu sehr beim Wort genommen werden, so jetzt mein Postulat, kann daraus überhaupt Religion, Esoterik oder Metaphysik im Allgemeinen werden.

3. Erste Annäherung: Genius, Kunst, Erkenntnis des Einsamen

Nachdem ich nun versucht habe, mit Nietzsches expliziter Polemik umzugehen, werde ich also direkt beginnen, implizite Verknüpfungspunkte aufzusuchen, an denen sich die Spuren der romantischen Naturkonzeption bei Nietzsche nachweisen lassen. Als erstes führt diese Suche mich zum Aspekt der Einsamkeit des Erkennenden, des künstlerischen Genies.

Große Ausprägung findet dieser Gedanke natürlich in der Konzeption des dionysischen Künstlers aus der *Geburt der Tragödie*, welcher als solcher „Weltgenius" ist und in dionysischer Manier die Trennung zwischen sich selbst und seinen Bildern, damit der Welt, dem Ur-Einen auf-

hebt und damit verschmilzt und so bis auf den „Grund der Dinge hindurchsieht" (GT, S.45). Hier zeichnet den künstlerischen Genius also vor allem die direktere Erkenntnis-Beziehung zu den Dingen und der Welt aus. Diese Konzeption lebt in der *Morgenröte* freilich nicht mehr, wo wie gesagt Genies als in erster Linie Geistesgestörte dargestellt werden (s.Kap.5) – und trotzdem taucht dort ein Gedanke auf, der wieder Ähnlichkeiten aufweist, nämlich der des *Kranken*, der mehr erkennt als der Gesunde: auch er erhält durch seine Schmerzen und tragische Perspektiven tiefere Einsichten in die Natur und das Leben (s.ebd.); und die Ähnlichkeit ist tatsächlich groß, werden doch auch die dionysischen Künstler in der *Geburt der Tragödie* von den apollinischen Träumern als *krank* empfunden (s.Kap.4) Noch weiter führen nun die Gedanken, die in der *Fröhlichen Wissenschaft* hierzu auftauchen, die auch erstmals den *Einsamen* philosophisch zelebrieren. Der Andersdenkende wird von der weltanschaulichen Mehrheit emotional und sozial isoliert,[52] erhält dadurch aber ein Erkenntnis-Vorteil: er trifft seine Aussagen vorsichtiger, weil er von keinem kollektiven Empfinden bekräftigt wird, er „fürchtet den hohlen Widerhall" (FW, 182,502). Weltanschaulich Einsame werden zu *Heimatlosen*, sind in keiner Weltdeutung zuhause, ein Erkenntnis- und Lebenszustand, zu dem sich Nietzsche selbst bekennt: „Wir ziehen es bei Weitem vor, auf Bergen zu leben, abseits ‚unzeitgemäß'"(377,630). Es ist aber natürlich auch eine Einsamkeit, die er in seinem eigenen Leben und Denken erfahren hat, hat er sich doch im Laufe seines Lebens von den einzigen ihm vertrauten Personen durchgehend aus weltanschaulichen Gründen abgewendet: von Wagner aufgrund seiner christlichen Erlösungssuche im „Parsifal", von seiner Schwester, weil sie einen Antisemiten heiratete, von seiner Mutter, weil sie streng gläubig war.[53] Auch er selbst lässt nicht unerwähnt, wie er gerade mit seinem Forschen und Philosophieren allein gewesen ist und gerade aus dieser Forscher-Einsamkeit heraus so viel zu sagen hat: „Man verlernt gründlich das Schweigen, wenn man so lange, wie er [Nietzsche], Maulwurf war, allein war" (M, Vorrede, 1,12)

Die Einsicht, dass nun auch in der Romantik alle diese drei Elemente zelebriert werden, ist fast schon trivial, denn die bekannten romantischen Helden – Hyperion, der Taugenichts, Anselmus aus dem „goldenen Topf" von Hoffmann sind bekanntlich Helden der Einsamkeit. Hyperion ist im ständigen Wandern, wird außer seiner Geliebten von niemandem verstanden, wird von seinem Vater verstoßen, endet als Eremit. Dabei sieht und fühlt er mehr als andere, findet etwa die immer noch präsenten Geister von Orten, Zeiten, der Natur, die niemand sonst sehen kann. Der Taugenichts zieht aus seinem Elternhaus fort und kehrt nie dorthin zurück. Allein geht auch er auf Wanderschaft, sieht viele Orte und Verhältnisse, macht Musik, findet in der Fremde sein Glück. Anselmus sagt sich von der bürgerlichen Sphäre, in der er anfangs lebt, völlig los und findet nur so zur magischen Welt des Archivarus Lindhorst. Vor allem präsent ist diese Einstellung allerdings wieder in der romantischen Lyrik. Eichendorff beschwört die Heimatlosigkeit und das Leben in der Fremde, Heine dazu Krankheit, die Tragik der Ausgestoßenheit.[54]

4. Zweite Annäherung: Natur, Geschichte, Mythos

Es ist bereits deutlich geworden, wie wichtig die Verknüpfung von Natur und Geschichte sowohl den Romantikern wie auch Nietzsche ist, ich will allerdings noch weiter gehen und untersuchen, inwieweit darüber hinaus die jeweiligen Konzeptionen von Beidem sich vielleicht auch ähneln. Interessant hierzu ist ungewöhnlicherweise kein Gedicht der Romantiker, sondern eins von Nietzsche, nämlich *An Goethe* aus den *Liedern des Prinzen Vogelfrei*, in dem er auf den Schluss von Goethes *Faust II* anspielt. Dort heißt es: „Welt-Rad, das rollende / Streift Ziel auf Ziel: / Not

---

[52]S. Fröhliche Wissenschaft, 50,415
[53]S. Volker Gerhardt: Friedrich Nietzsche. München, 1992, Kapitel 3,4,5 (S.42ff)
[54]Einsamkeit, Heimatlosigkeit bei Eichendorff, s. etwa S.121,125f,281, Krankheit, Ausgestoßenheit bei Heine, s. etwa S.115ff,129,130f

– nennt's der Grollende, / Der Narr nennt's – Spiel … // Welt-Spiel, das herrische, Mischt Sein und Schein: / Das Ewig-Närrische / Mischt uns – hinein! …" (FW, Anhang, S.639). In diesen beiden Strophen, so klein sie sind, wird ungeheuer viel an Aussagen über Natur, Geschichte und Mythos getroffen. Etwa wird die Natur als rollendes *Welt-Rad* dargestellt, also als geschichtliche Dynamik, die aber auf kein Ziel ausgerichtet ist: es *streift Ziel auf Ziel* ohne je eines davon zu erreichen, denn es muss sich ja ewig weiterdrehen. Dieser Vorgang wird nun auf zwei verschiedene Arten rezipiert, einmal als deterministische Naturnotwendigkeit (*Not*), einmal als *Spiel*, also etwas absurdes, zweckloses, an dem man aber Gefallen findet. Das wird nun weiter ausgeführt: es handelt sich um ein *Welt-Spiel*, welches *herrisch* ist, also alles gebietet, vor dem es kein Entkommen gibt, welches *Sein und Schein* mischt, also Dasein und Mythos, das eine an das jeweils andere knüpft – wodurch es keine Betrachtung der Wahrheit des Daseins geben kann ohne Mythos und aller Mythos wieder auf die Wahrheit des Daseins zurückführt (wohinter sich gut, gerade weil das Gedicht auf die *Fröhliche Wissenschaft* folgt, die dortige Konzeption des Lebens als Schein verbergen kann, wie ich sie dargestellt habe, s.Kap.6); schließlich werden wir selbst in dieses Spiel „hineingemischt" – und von wem? Vom *Ewig-Närrischen*; das *Närrische*, also die Ironie, macht ja, wie die erste Strophe sagt, aus dem Drehen des Welt-Rades erst ein Spiel, es erzeugt offenbar das nötige ästhetische Gefallen daran. Das alles erinnert uns deutlich an Schlegel, der ebenfalls von einem *Weltspiel* sprach (s.Kap.2): Natur ist eine chaotische, dunkle Geschichtsdynamik, die einen mitbewegt, die aber nicht zwingend ein blinder, stumpfer Determinismus ist – denn man kann sie romantisieren, man kann mit dem richtigen poetischen Sinn und auch Ironie Gefallen an ihr finden, wodurch plötzlich aus dem sich brutal drehenden und alles zermalmenden *Welt-Rad* ein lustiges, schönes Spiel der Naturkräfte wird, in das man selbst eingreift. Natürlich lässt sich aber für diese Analogie nicht nur das ziemlich explizite Gedicht anführen, sondern auch die Darstellungen aus der *Fröhlichen Wissenschaft*: der Begriff des *Amor Fati*, der Vorstellung, man könne und solle *das Notwendige als das Schöne sehen* (also in der *Not* aus dem Gedicht, das *Spiel*); die Forderung, „Dichter seines Lebens zu werden" (FW, 299,538) und sein Leben zu Kunst zu machen (und also, ebenso wie beim *Romantisieren* ästhetisches Gefallen an den Dingen als Bestandteile eines schönen Weltspiels zu finden und zu erzeugen) (s.Kap.6). Das Spiel von Natur und Geschichte kann man nur mitspielen, einsehen kann man es in keinem Moment, was Nietzsche schon mit seinem Gedanken des „Perspektivismus" (Gerhardt, S.66) klarstellt. Die Sicht auf die eigentliche Wahrheit ist immer eine einzelne, isolierte Perspektive, die aufgrund ihrer Statik und Festgelegtheit vor einer ewig dynamischen, nicht festgelegten und auch einfach hoch komplexen Natur und Geschichte zwangsläufig irren muss: „Jeder Denker malt seine Welt und jedes Ding mit weniger Farben, als es gibt" (Morgenröte, 426,262)[55]. Auch die Wissenschaft scheitert am „Kontinuum", von dem sie immer nur „ein paar Stücke isolieren" könne (Fröhliche Wissenschaft, 112,473).[56] Immer führt alles auf die Erfahrung zurück, dass die Welt, die Natur zu uns schweigt und uns mit diesem Schweigen in unserem Erkenntnisdrang verspottet.[57] Nun ist dieser Gedanke des Perspektivismus und der ewig unnahbaren Wirklichkeit auch der Romantik durchaus bewusst. Auch Eichendorff evoziert Erkenntnis als eine enge Welt, aus der es kein Entfliehen gibt: „Und wie er dehnt die Flügel aus / Und wie er sich auch stellt / Der Mensch kann nimmermehr heraus / Aus dieser Narrenwelt" (Eichendorff, S.170); die Narrenwelt ist aber gleichzeitig die menschliche Welt der Mythen, Irrtümer, welche stets gegeneinander ausgetragen werden. Mythos, Schein, Irrtum, das alles ist die Konsequenz daraus, dass der Mensch unfähig zur Erkenntnis, aber bedürftig nach ihr ist. Das Spiel dieser

---

[55]Weitere Aphorismen der Morgenröte zum Perspektivismus: s. Aph.117,119,438
[56]Wissenschaftskritik in der Fröhlichen Wissenschaft: s.a. Aph.246,373
[57]S. Morgenröte, 423,259

Mythen, Scheine, Irrtümern reiht sich nun in das größere Weltspiel ein. Es kommt, wie darge-legt, ebenso für das Romantisieren und die Universalpoesie der Romantiker wie dem „guten Wil-len zum Schein" der Kunst bei Nietzsche darauf an, als Erkennender, der man als höchste mögli-che Erkenntnis überhaupt den ewigen Irrtum erkannt hat, selbst in ästhetischer Hinsicht das Spiel, aus dem man ja nicht hinauskann, mitzuspielen (S.Kap.1, Kap.6).

5. Dritte Annäherung: das Leben

Es hat sich also herausgestellt, dass in Nietzsches Vorstellung Natur, Geschichte und Mythos sich zu einem „Welt-Spiel" vereinen, dass man weder mit Philosophie und Metaphysik, noch mit Wissenschaft recht durchschauen kann, das einen aber in jedem Moment zwingt, mitzuspielen. Treffend ausgedrückt findet man dies in der *Geburt der Tragödie*, wo Natur explizit dargestellt wird als „ewig schöpferische, ewig zum Dasein zwingende, an diesem Erscheinungswechsel [des apollinischen Traums der Menschen] sich ewig befriedigende Urmutter" (GT, S.108). Hier ha-ben wir eine Darstellung, die überleitet zu einer der wichtigsten Verknüpfungen, die ich in der Naturkonzeption Nietzsches sehe, nämlich der zwischen Natur und hier dem „Dasein", also dem Leben des Menschen in ihr. Leben ist nichts anderes als die einzige menschliche Teilhabe am Naturprozess, die er mit Wissenschaft und Erkenntnis nicht erlangen kann – er hat Teil am Na-turprozess, nicht indem er ihn durchschaut und sich untertan machen kann, sondern indem er ihn – gewollt oder ungewollt – als Leben in sich weiterführt, Teil von ihm ist. „Wir sind […] das Urwesen selbst und fühlen dessen unbändige Daseinsgier und Daseinslust; […] Trotz Furcht und Mitleid sind wir die glücklich-Lebendigen, nicht als Individuen, sondern als das eine Lebendige, mit dessen Zeugungslust wir verschmolzen sind" (S.109). Es wird gerade mit diesem letzten Satz auch ziemlich deutlich, dass es also kaum um individuelles Leben geht, sondern eher um den allgemeinen Lebensprozess, das „Lebendige" überhaupt und seine Merkmale und Äußerungen. Was zeichnet diese aus? Erst einmal ist es offensichtlich, dass es Nietzsche um die ganze Breite des Lebens geht, auch die triebhaften, unmoralischen, „böse" geheißenen Seiten davon. In der *Morgenröte* setzt er dies in Analogie zur Ästhetik der Natur, gerade von Landschaften, die still, idyllisch, aber auch wild und zerklüftet sein können und die man in jedem Fall genießen kann – so wie also auch alle Äußerungen des Lebens, seien sie gesittet oder ungesittet, wild, triebhaft, „böse", ihre eigene, unschuldige Ästhetik haben.[58] Es ist für ihn auch ein Irrtum, zu denken, dass Theater würde Moralität lehren, viel öfter erwecke es gerade Lust an der Immoralität der Charak-tere,[59] überhaupt sei gerade in der Kunst alles möglich, auch das „Interessante Hässliche" (239,200) – denn es gehöre auch Hässlichkeit zum Leben und sogar aus dieser könne man Kunst machen, auch diese könne man genießen. Aber eben diese Immoralität und Grausamkeit ist in gewisser Hinsicht sogar immer mit dem Leben verbunden, denn es kann sich nur erhalten, in dem es gegen das Unlebendige, alte, schwache grausam ist: „Leben – das heißt: grausam und unerbittlich gegen Alles sein, was schwach und alt an uns, und nicht nur an uns, wird." (FW, 26,400). Leben ist damit auch individuelles Machtstreben, welches sich ebenso Willen und Stre-ben, wie auch Erkenntnis und Weltanschauung untertan macht (s.Kap.6). Damit ist das Leben auch untrennbar mit dem Schein, dem Irrtum, dem Mythos verbunden: in der *Geburt der Tragö-die* war der Traum notwendig für das Leben (s.Kap.4), in der *Fröhlichen Wissenschaft* heißt Le-ben sogar zwangsläufig, Mythen, lebenserhaltende Irrtümer zu produzieren (s.Kap.6). Alles führt auf diesen Lebensbegriff zurück: der „gute Wille" zum Schein der Kunst ist also *die Fortführung des Lebens in ästhetischer Hinsicht*, mit ästhetischem Gefallen daran. Das Konzept der „Fröhli-chen Wissenschaft" ist nichts anderes als die Idee der Kritik als Ausdruck des Lebendigen, des

---

[58] S. ebd., 468,280f. S.a. Aph.190,216,239
[59] S. ebd., 240,201 f

gebotenen Angriffs auf Lebensverneinendes (nämlich Weltdeutung, die wie gesagt durch ihre Statik und Festgelegtheit dem Lebensprinzip widersprechen) aus dem Lebendigen heraus. Denn wie hieß es noch: „wir verneinen und müssen verneinen, weil etwas in uns lebt und sich bejahen will".

Auch in der Romantik ist der Begriff des Lebens präsent, er wird allerdings nicht immer in einer derart expliziten Weise behandelt, wie es bei Nietzsche herauszustellen war. Aber es zeigt sich an vielen Stellen, dass ihm auch dort die zentrale Rolle zukommt, in welcher Letzterer sie sah, nämlich die des Spannungsfeldes zwischen Naturprozess und menschlichem Dasein. Hier erinnern wir uns an die zentrale Wende, zu der es für Schlegel im menschlichen Naturumgang kommen kann: erst ist der Mensch befangen in einem undurchschaubaren Spiel von Geschichts- und Naturkräften, welche ihn selbst mitbewegen, dann kann er aber selbst Akteur des Spiels werden, eben indem er romantisiert und poetisiert (s.o.). Dass es das *Leben* selbst ist, was sich hinter diesem Vorgang verbirgt, ist überdeutlich: „Dazu aber muss man begriffen haben, dass das Leben [...] nichts anderes ist als – ein großes Spiel. Es kommt darauf an, sich als Akteur des großen Weltspiels in Szene zu setzen" (Safranski, S.61) Fast noch wichtiger ist der Aspekt des Lebens aber für Schleiermacher, wo das Aufgehen des Menschen in der unendlichen Natur gleichzeitig Teilhabe am Göttlichen, gleichzeitig auch „Partizipation am ewigen Leben hier und jetzt" (S.143) ist. Wie ich dargelegt habe (s.Kap.2) ist das unendliche Leben hier nichts anderes als Ausdruck des unendlichen Naturprozesses, wobei dem Leben wieder dieselbe Rolle zukommt wie für Nietzsche – die der menschliche Teilhabe am Naturprozess. Auch in der späteren Romantik finden sich freilich wieder Hinweise, dass eben das geschichtlich-bewegte, nicht Festgelegte, chaotische, ästhetische der Natur gleichzeitig Ausdruck im menschlichen Leben findet. Bei Eichendorff heißt es am Ende eines Gedichtes über einen Mann, der in einem Turm gefangen ist und draußen „verworrenes" und „lustiges" Stimmgewirr, Musik, Geräusche, Ströme, Winde hört: „Doch spürt er, wer ihn grüße / mit Schaudern und mit Lust / Es rührt ihm wie ein Riese / das Leben an die Brust" (Eichendorff, S.95). In einem anderen, bereits zitierten Gedicht (S.121) kommt er Schleiermacher nahe, indem er die Teilhabe an der Unendlichkeit („So wird mein Herz nicht alt") nicht ans Ende des Lebens setzt, sie vielmehr „mitten in dem Leben" geschieht. Ähnlichkeit zu Schlegel schafft wiederum der Gedanke des Lebens als buntes, bewegtes „Schauspiel". Das Leben poetisieren, romantisieren, mit Bedeutung aufladen, entautomatisieren – dieses zentrale Projekt der gesamten Romantik geschieht also nicht unbedingt durch etwas dem Leben selbst fremdes, den Tod, eine metaphysische, transzendente Welt – sondern wie eben gezeigt oft durch nichts anderes als das Leben selbst, wenn auch manchmal über die Umwege des Mythos und Irrealis. Dies noch als Zusatz zu meiner Argumentation aus Kapitel 8.

6. Philosophische Konstanten: von Herder und Goethe über die Romantik bis Nietzsche

Mein untersuchender Vergleich der romantischen Naturkonzeptionen mit denen Nietzsches, bei dem sich offensichtliche Widersprüche (welche ich in Kapitel 8 aufzulösen versuchte), aber auch erstaunliche Parallelen gezeigt haben, ist somit beendet. Auf seiner Grundlage gilt es nun in diesem letzten Kapitel, die hauptsächliche These dieser Arbeit argumentativ auszuformulieren. Die These lautet: hinter den romantischen Konzepten zur Natur und den menschlichen Umgang damit und denen Nietzsches zeigen sich gemeinsame Denkstrukturen, die sogar älter sind als die Romantik.

Es waren anhand der drei hier behandelten Werke Nietzsches, der *Geburt der Tragödie*, der *Morgenröte* und der *Fröhlichen Wissenschaft* zwei entscheidende Wandlungen seines Denkens beispielhaft zu zeigen. Im erstgenannten Werk ist Nietzsche auf eine Weise der Romantik nahe,

die er selbst später verurteilt. Durch das Aufspannen eines grundsätzlichen Antagonismus im Menschen vor der Natur, nämlich dem zwischen der apollinischen Tendenz als des schönen, sittlichen, vernünftigen Traumes, wo die Dinge geordnet, individuierbar, vernünftig einsehbar, ästhetisch und ethisch vollendbar erscheinen, und der dionysischen Tendenz als des Erwachens aus dem Traum, des unverschleierten Blicks auf die Naturwahrheit als ein ewig chaotisches, ewig dynamisches, ewig ungeteiltes Ur-Eines und vor allem durch die Vision des dionysischen Künstlers als „Weltgenius", der mit den Dingen verbunden ist und sie, so wie sie sind, direkt erlebt und erfährt, als einzig „Sehender" in einer Welt von Träumenden – bringt er schon typische romantische Motive ins Spiel. Denn auch in der Romantik wird überall der „tiefere Blick" eines meist einsamen, künstlerischen Individuums in die Natur, die Dinge und dessen „Außenperspektive" auf eine philisterhafte Welt aus Pragmatismus, Positivismus, Optimismus und Sittlichkeit beschworen (wie mit Anselmus und dem Taugenichts). Dass allerdings dieser tiefere Blick metaphysikbedürftig macht, der Gedanke ist nicht nur nicht mehr unbedingt romantisch (s.Kap.8), er ist auch Nietzsche selbst später zu weit gegriffen. Hier vollzieht sich also die erste Wandlung Nietzsches, nämlich die zum nicht metaphysischen, absolut freien Denken in der *Morgenröte*. Hier geht es ihm um Entlarvung: metaphysische Irrtümer aller Art, falsche Schlüsse, Verabsolutierungen und vor allem die gesamte christliche Moral sollen in ihrer Irrtümlichkeit bloßgestellt werden, wobei es aber auch nicht unbedingt um eine positivistisch erfassbare Wahrheit hinter diesen Irrtümern geht – denn er selbst legt sich auf keine Aussage darüber fest – sondern eher um eine Kritik um der Kritik willen, als Ausdruck von Lebendigkeit und um die Befreiung dieses Lebendigen in all seiner Breite von (moralischen) Vorurteilen. Hier ist er in einer Phase, wo man ihn schwerlich als romantisch Denkenden bezeichnen würde. Jetzt aber folgt die alles entscheidende zweite Wandlung hin zur Erkenntnis- und Wahrheitskritik und der Wiederaufwertung der Kunst als dem „Willen zum Schein" in der *Fröhlichen Wissenschaft*, womit er gewissermaßen den Bogen zur Romantik zurückschlägt. Um diese komplexe Wandlung und gerade den „Rückfall zur Romantik", der damit geschieht, zu verstehen, muss man natürlich auch verstehen, was es mit diesem bisher nur andeutend erwähnten „Willen zur Schein" und Nietzsches Auffassung zur Wahrheit genauer auf sich hat.

Mit der Frage nach der Wahrheit bei Friedrich Nietzsche hat sich auch Karl Jaspers im Kapitel „Wahrheit" seiner Nietzsche-Schrift von 1936 befasst.[60] Dort stellt er, so wie auch ich in meinen Kapiteln 6 und 10, heraus, dass sich für Nietzsche hinter aller „Wahrheit" ein Bündel von lebensnotwendigen und lebensbefördernden Irrtümern verbirgt und die eigentliche Naturwirklichkeit durch die Mittel unseres Verstandes unerreichbar ist. Jaspers arbeitet dabei einen gewissen Kreis des Denkens heraus, mit dem wir nach Nietzsche immer versuchen, uns den Dingen logisch zu nähern, der aus den sich gegenseitig stützenden Voraussetzungen *Identität*, *Nichtwiderspruch* und *Ich* besteht – und dabei immer scheitern müssen, weil die Natur ohne Identität und in sich widersprüchlich sei und auch kein Ich kenne. Was der Intellekt in seinen statischen logischen Systemen vor allem nicht zu fassen bekommt, ist wieder das Dynamisch-Lebendige der Natur: so stellt auch Jaspers heraus, „dass [...] der Intellekt nicht fassen kann, was eigentlich ist, nämlich das ständige Werden" (Jaspers, S.58). Wenn in ihr keinerlei Vernunft herrscht außer der des Menschen,[61] kann sie mit diesem seinen einzigen Mittel auch nie durchschaut werden. Die menschlichen Irrtümer vor dieser dunklen Naturwahrheit sieht Jaspers bei Nietzsche als „lebensnotwendige Täuschungen, [...] Werkzeuge der Bemächtigung" (S.57). An ihren Ursprung wird wieder der Lebensprozess, das lebendige, sich lebendig erhaltende der Natur gesetzt: „das Leben der Wahrheit ist das *Umgreifende*, worin Vernunft und Existenz ihren Ursprung haben, ohne

[60]Vgl. 100 Jahre philosophische Nietzsche-Rezeption. Herausgegeben von Alfredo Guzzoni. Frankfurt, 1991. S. 57-72
[61]Vgl. ebd. S.59

dass der Ursprung als solcher erkennbar wäre." (S.62)[62] Hinter der Erkenntnis, der Wahrheit droht demgegenüber der Tod, der Untergang des Lebendigen[63]. Auch Jaspers betont wie ich in Kapitel 9 bei der Frage nach der Wahrheit damit auch den Aspekt des einsamen Erkennenden, seinem Erkenntnis-Vorteil und seinen Gefahren.

Diese Wahrheitskonzeption führt Nietzsche nun zu seinem Konzept des „Willens zum Schein": denn wenn das Leben „auf Schein angelegt ist" (S.66) und man es bejahen will, muss man auch den Schein bejahen. *Zum Willen zum Schein* liegt nun ein kurzer Aufsatz von Hans Vaihinger aus dem Jahre 1930 vor[64], der die ungeheuer wichtige Rolle betont, welche diese bei Nietzsche einnimmt. Vaihinger zeigt, wie Nietzsche immer wieder auf die Situation des *Erkennenden* zurückkommt, der nicht die Dinge, aber die menschlichen Irrtümer vor ihnen durchschaut und damit gleichzeitig die ewige Irrtümlichkeit ihrer Betrachtung, eine Erfahrung die erst Widerwillen, dann aber Akzeptanz, ja sogar Lust und Freude hervorruft.[65] Einmal den Schein erkannt, entwickelt der ursprünglich wahrheitssuchende Erkennende selbst einen Willen zum Schein, zur Fiktion, sieht ein, dass „zum Erkennen selbst nicht bloß das Irren, sondern auch das bewusste Fälschen gehört" (Vaihinger, S.26). Von dieser Position aus wird alle Weltanschauung ein Spiel, ebenso sinnlos und nicht ernster zu nehmen als Kinderspiele, nur von Erwachsenen ausgetragen.[66] Aus der *Fröhlichen Wissenschaft* wissen wir nun, dass es für Nietzsche ein schönes, lustvolles Spiel ist – nämlich nichts anderes als Kunst (s.Kap.6). Mit dem Begriff „Guter Wille zum Schein" selbst hat Nietzsche ja die Kunst bezeichnet, die mit ästhetischem Gefallen Mythen, Scheine produziert und darüber hinaus gefordert, das Leben mit eben dieser Kunst zu durchdringen, zu ästhetisieren. Wie ähnlich dieser Gedanke zu einigen Motiven der Frühromantik ist, habe ich bereits in Kapitel 10 thematisiert. Was aber nun am Vaihinger-Aufsatz vor allem interessant ist, was bei mir bisher nur angedeutet im elften Kapitel vorkam, ist wieder die Beschwörung des *Erkennenden* und seine besondere Position in der Erkenntnis und innerhalb der Menschen. Alles führt auf das Bild des einsamen Individuums zurück, das gerade durch seine Einsamkeit mehr sieht als andere, dass zu einem gegebenen Moment die Irrtümer, die die Menschen in ihrer Betrachtung der Dinge haben, sämtlich durchschaut, alles wahr geglaubte als Schein identifiziert und einsieht, dass auch es zu nichts imstande ist, als sich und andere zu täuschen – das nach einem Moment des Widerwillens dennoch nicht verzweifelt, sondern sein Leben weiterlebt, selbst das absurde Weltspiel mitspielt, selbst täuscht, Schein und Mythen produziert und daran ästhetisches Gefallen findet. Wie es in einem Aphorismus der *Fröhlichen Wissenschaft* dargestellt wird: Erkennen heißt, mitten im Traum aufzuwachen, zu merken, dass man immer noch träumt – und als höchste Erkenntnis einzusehen, dass man weiterträumen muss.[67]

Wo Nietzsche einen weltanschaulich isolierten, künstlerischen Genius beschwört, der die Irrtümer der Mehrheit durchschaut und auch die eigenen – und der aus dieser Erfahrung heraus sich daran macht, mit ästhetischem Gefallen (als Kunst) mehr und andere Täuschungen zu schaffen, der die Wahrheit aber nicht a priori aus Ignoranz ablehnt, sondern erst von einer zweiten Position aus, nämlich der der Außenperspektive auf die weltanschaulichen Systeme der Menschen, infolge seiner anfänglichen Wahrheitssuche – da ist Nietzsche für mich Romantiker. Aber er ist es auch an anderen Stellen: er ist es da, wo er Natur als Geschichte begreift, die den Menschen immer bewegt und seine weltanschaulichen Festlegungen relativiert, Geschichte aber nicht als stumpfe Notwendigkeit, sondern als ästhetisch gefälliges Spiel, das der Mensch mitspielen kann

---

[62]„Leben der Wahrheit" wird in den folgenden Zeilen ausgeführt.
[63]Vgl. ebd. S.66f, s.a. S.68ff
[64]Vgl. ebd. S.25-28
[65]Vgl. ebd. S.25u., S.26o.
[66]Vgl. ebd. S.26u.
[67]Vgl. Fröhliche Wissenschaft, 54,416f

(s.Kap.10); er ist es da wo er in den Leerraum zwischen Natur und Mensch das Leben setzt als einzige Teilhabe von Letzterem an Ersterer, als gelebten Naturprozess, als Spielen des Welt-spiels, auch in weltanschaulicher Sicht – und damit die Viererbeziehung Mensch-Leben-Natur-Geschichte vollendet (s.Kap.11); er ist es schließlich da, wo aufgrund aller dieser Aspekte der Erkennende kein positivistischer Aufklärer, sondern ein Narr, ein Spieler, ein Künstler ist, der sich auf Nichts festlegt und als Ausdruck des Lebendigen in ihm alles verneint – und der sein Leben ästhetisch durchdringt, der also nichts anderes macht als zu romantisieren. Die These, dass dies alles eben auch romantisches Gedankengut ist, stützt sich auf alles, was ich sowohl in den Kapiteln 2 und 3, wie auch 9, 10, 11 und 12 erarbeitet habe.

Nun ist aber dieser ganze Komplex von Gedanken und Motiven nicht unbedingt erst von den Romantikern erfunden worden, er ist älter. Schon Johann Gottfried Herder etwa rückt den Zu-sammenhang zwischen Natur, Geschichte und menschlichem Leben und die herausragende Rolle des Genies hierbei ins Zentrum seines Denkens.[68] Schon er misstraut der Vernunft und ihren Kategorien, die das unvorhersehbar-Werdende, das „schöpferische Ganze" (Safranski, S.20) nicht erfassen, geschweige denn planen können und hält dagegen die Idee der „lebendigen Ver-nunft" (S.21), die allein dem schöpferischen Seins- und Werdensprozess entsprechen kann. Schon er initiiert den Glauben an das „Genie" als an jemanden, in dem die schöpferische Kraft des Lebens frei strömen kann[69] und auch schon er sieht im Leben eine Dualität von Schönem, Erhabenem und Schaurigem, Dunklen und will, sich gerade dessen bewusst, „ins volle Leben greifen" (S.21). Auch der junge Goethe, der wie Safranski darlegt[70], in seinem frühen Denken und Schaffen stark im Einfluss der Ideen Herders steht, gehört zu den Begründern dieser Ideen-welt. Bekanntlich ist Faust, seine berühmteste Figur, in den ersten Szenen des Dramas, zu denen er die ersten Entwürfe mit dem „Urfaust" noch als Stürmer und Dränger erstellt, nichts anderes als eben der jetzt vielbeschworene Typus des Erkennenden, der nicht die Natur, wohl aber die menschlichen Irrtümer davor durchschaut, auch die der Wissenschaft („Geheimnisvoll am lich-ten Tag / lässt sich Natur des Schleiers nicht berauben / Und was sie deinem Geist nicht offenba-ren mag / Das zwingst du ihr nicht ab mit Hebeln und mit Schrauben", Faust, V.672ff). Und ge-rade das, was er nicht erkennen kann, verkörpert der Erdgeist, den er beschwören, zu dem er aber nicht aufschließen kann – nämlich das Lebendig-Dynamische: „Geburt und Grab / Ein ewiges Meer / Ein wechselnd Weben / Ein glühend Leben / so schaff ich am sausenden Webstuhl der Zeit / Und wirke der Gottheit Lebendiges Kleid" (Faust, V. 504ff). Der spätere Goethe lässt sei-nen Faust daran verzweifeln, der frühe allerdings sucht selbst nach dem Lebendigen, sucht nach einem unendlichen „All-Leben" mit und in der Natur, was ihn Schleiermacher nahe bringt[71]

Ob es sich noch vor dem Sturm und Drang Parallelen zu diesem Gedankenkomplex finden las-sen, kann ich hier nicht mehr nachverfolgen. Auch Spuren davon in der Zeit nach Nietzsche zu suchen, führte zu weit, dazu werde ich keine Aussage mehr treffen können, auch wenn sich inte-ressante Perspektiven auftäten, wie etwa auf den französischen Existentialismus, der auch, wie Nietzsche, das Werdende betont und die gestalterische Freiheit des Menschen. Ich werde es also bei der Aussage belassen, dass in Nietzsche eine Gedankenwelt wiederaufgeflammt ist, welche schon vor ihm von den Romantikern – und auch schon vor diesen von Herder und dem Sturm und Drang – vorgezeichnet worden ist; eine Gedankenwelt, deren Wirkung sich über etwa ein-hundert Jahre erstreckt hat; es ist der Standpunkt des *Mythos* als tiefere Sicht auf Natur und Ge-

---

[68]Vgl. Safranski, S.17ff
[69]Vgl. ebd. S.21
[70]Vgl. ebd. S.19
[71]Vgl. ebd. S.142u.

schichte, welcher nun bis heute und noch auf unbestimmte Zeit in den Begriffen und Motiven unserer Kunst und Philosophie verankert ist.

Literaturverzeichnis

Primärquellen:

- Friedrich Nietzsche: Die Geburt der Tragödie. Kritische Studienausgabe, herausgegeben von Giorgio Colli und Mazzino Montinari. Berlin/ New York, 1988
- Friedrich Nietzsche: Morgenröte. Kritische Studienausgabe, herausgegeben von Giorgio Colli und Mazzino Montinari. Berlin/ New York, 1999
- Friedrich Nietzsche: Die Fröhliche Wissenschaft. Kritische Studienausgabe, herausgegeben von Giorgio Colli und Mazzino Montinari. Berlin/ New York, 1999
- Joseph von Eichendorff: Sämtliche Gedichte. Herausgegeben von Hartwig Schultz. Frankfurt/ Leipzig, 2001
- Heinrich Heine: Sämtliche Gedichte. Herausgegeben von Klaus Briegleb. Frankfurt/ Leipzig, 1993
- Friedrich Hölderlin: Hyperion oder der Eremit in Griechenland. Herausgegeben vom Anaconda Verlag. Köln, 2005
- Johann Wolfgang von Goethe: Faust – der Tragödie erster Teil. Herausgegeben vom Reclam-Verlag. Stuttgart, 2000

Sekundärquellen:

- Rüdiger Safranski: Romantik – Eine deutsche Affäre. München, 2007
- Volker Gerhardt: Friedrich Nietzsche. München, 1992
- Hans Vaihinger: Nietzsches Wille zum Schein, in: 100 Jahre philosophische Nietzsche-Rezeption. Herausgegeben von Alfredo Guzzoni. Frankfurt, 1991
- Karl Jaspers: Die Frage nach der Wahrheit bei Nietzsche, in: 100 Jahre philosophische Nietzsche-Rezeption. Herausgegeben von Alfredo Guzzoni. Frankfurt, 1991

(Hinweis zur Zitierweise: Die Quellenangabe der zitierten Textpassage wird jeweils dem Zitat eingeklammert hinten angefügt; wenn das Werk, aus dem zitiert wird, nicht dabei steht, ist es das zuletzt genannte. Bei einer Textreferenz wird der Verweis ähnlich, nur als Fußnote gemacht. Bei den zitierten oder erwähnten Aphorismen aus *Morgenröte* und *Fröhlicher Wissenschaft* werden in den Klammern oder Fußnoten jeweils zwei Nummern angeben, nämlich zuerst die Nummer des Aphorismus, dann seine Seitenzahl in der Studienausgabe. Bei den zitierten Gedichten wird nur ihre Seitenzahl im Sammelwerk, in dem sie erschienen sind, angeben.)